मंज़ूर एहतेशाम

जन्म : 3 अप्रैल, 1948 को भोपाल में।

शिक्षा : स्नातक।

इंजीनियरिंग की अधूरी शिक्षा के बाद दवाएँ बेचीं। पिछले 25 वर्ष से फ़र्नीचर और इंटीरियर डेकोर का अपना व्यवसाय।

प्रकाशित कृतियाँ : पहली कहानी 'रमज़ान में एक मौत' 1973 में और पहला उपन्यास 'कुछ दिन और' 1976 में प्रकाशित। *उपन्यास*—कुछ दिन और, सूखा बरगद, दास्तान-ए-लापता, पहर ढलते, बशारत मंज़िल; *कहानी-संग्रह*—तसबीह, तमाशा तथा अन्य कहानियाँ; *नाटक*—एक था बादशाह (सह-लेखक सत्येन कुमार)।

सम्मान : 'सूखा बरगद' (उपन्यास) पर श्रीकान्त वर्मा स्मृति सम्मान और भारतीय भाषा परिषद, कलकत्ता का पुरस्कार, 'दास्तान-ए-लापता' (उपन्यास) पर वीरसिंह देव पुरस्कार, 'तसबीह' (कथा-संग्रह) पर वागीश्वरी पुरस्कार तथा 1995 में 'समग्र लेखन' पर पहल सम्मान, 2003 में राष्ट्रीय सम्मान 'पद्मश्री' से अलंकृत। निराला सृजनपीठ, भोपाल, के अध्यक्ष।

सम्पर्क : शिल्पकार हाउस, ग्रांड होटल के सामने, भारत टॉकीज़ चौराहा, भोपाल-4620011

कुछ दिन और

मंज़ूर एहतेशाम

राजकमल पेपरबैक्स

पहला पुस्तकालय संस्करण
1976 में प्रकाशित

राजकमल पेपरबैक्स में
पहला संस्करण : 2015

राजकमल पेपरबैक्स : उत्कृष्ट साहित्य के जनसुलभ संस्करण

राजकमल प्रकाशन प्रा. लि.
1-बी, नेताजी सुभाष मार्ग, दरियागंज
नई दिल्ली-110 002
द्वारा प्रकाशित

शाखाएँ : अशोक राजपथ, साइंस कॉलेज के सामने, पटना-800 006
पहली मंजिल, दरबारी बिल्डिंग, महात्मा गांधी मार्ग, इलाहाबाद-211 001
36 ए, शेक्सपियर सरणी, कोलकाता-700 017

वेबसाइट : www.rajkamalprakashan.com
ई-मेल : info@rajkamalprakashan.com

बी.के. ऑफसेट
नवीन शाहदरा, दिल्ली-110 032
द्वारा मुद्रित

मूल्य : ₹ 150

KUCHH DIN AUR
Novel by Manzur Ahtesham

ISBN : 978-81-267-2881-7

शानी के लिए
जिनके बिना इस
रचना की कल्पना
भी अधूरी थी

एक

लगा था, उसी रात सब कुछ तय हो गया था।

राजू का इन्तज़ार करते हुए मैं बेडरूम में नन्हे अंशुल के पास बैठी रही थी और रह-रहकर मुझे लगा था, जैसे हमारी तरफ़ का घर पूरे मकान से इस तरह कट गया है, जैसे फैले हुए पानी के बीच ख़ुश्की का कोई टुकड़ा विद्रोह करता हुआ निकल आए! अंशुल को मैं धीरे-धीरे थपकियाँ देती रही थी, सुलाने की कोशिश करती रही थी और आज तक जो कुछ हुआ, उसे सोचती रही थी—लेकिन हमारे घर के अलग हो जाने में विद्रोह कहाँ था? हम तो अनचाहे ही फैले पानी से अलग हो गए थे। समुद्र ने ख़ुद हमें उगल दिया था।

'तुम समझती हो, राजू पागल है?' उस दिन लगभग सालभर पहले, राजू की मम्मी ने मुझे कोसते-से स्वर में कहा था—'हमने तो उसे शादी से पहले भी देखा है। हमें मालूम है, वह क्या है। औरत अपने मर्द को बना न सके, तो कम-से-कम बरबाद तो न करे।'

यह तब की बात थी, जब राजू की मम्मी और मेरे बीच सम्बन्ध बिलकुल ही ख़त्म नहीं हो पाए थे। उस सबके बाद भी, जो तब तक हुआ था, मैंने उनसे बिलकुल इसी प्रकार सम्बन्ध बनाए रखे थे, जैसे औसत सास-बहुओं के होते हैं। इसका एक कारण यह भी था कि हम लोग धीरे-धीरे आपस में बहुत कम मिलने लगे थे और इस तरह किसी भी विस्फोट को बचाए हुए थे। पिछले चार वर्ष से उनकी अधिकांश बातें सुनकर मैं चुप हो जाती थी लेकिन उस दिन जाने क्या हुआ था!

'यह बहुत अच्छा है,' मेरे मुँह से आप-ही-आप निकल गया था—'जब तक कमाते रहे तो माँ के पूत और पाँव लड़खड़ाए तो पत्नी का पति!' अपने भीतर इकट्ठी नफ़रत और ग़ुस्से को मैं काबू में न रख पाई थी—'ख़ुद मैंने आपको उनसे कुछ कहने या करने से कब रोका है? रहा पागलपन, तो वह तो...!'

मैंने किसी तरह अपने को रोका था।

'तुम उसे कुछ सुनने का मौक़ा दो तब न!' मम्मी का कहा अन्तिम वाक्य था और आगे बिना कुछ सुने वह उठकर चली गई थीं।

उन दिनों राजू का चलता हुआ काम बैठना शुरू ही हुआ था और इसका पूरा पता भी राजू को नहीं चल पाया था। या, जैसा राजू की मम्मी कहती थीं, मैंने उन्हें यह सब जानने की फ़ुर्सत नहीं दी थी। राजू के पिता के समय का कोई मुनीम था जो आकर मम्मी को सब कुछ बताता रहता था।

और उसी दिन मकान के इस हिस्से, जिसमें मैं और राजू रहते हैं और उस हिस्से के बीच जिसमें मम्मी, जीजी--जीजा रहते हैं, वह दीवार पूरी उठ गई थी जिसकी नींव बहुत पहले कभी राजू और मेरे विवाह पर ही रखी जा चुकी थी। वह दरवाज़ा, जो मकान के दोनों हिस्सों को जोड़ता था, पहले तो बन्द रहने लगा था और अन्त में मैंने ख़ुद ही उसमें ताला डाल दिया था।

और राजू से मेरे विवाह की वह पहली रात...

हनीमून सूट...शहर का सबसे बड़ा होटल...मैं और राजू।

'क्या सोच रहे हैं?' मैं उस लम्बी फैली कुर्सी के पीछे जाकर खड़ी हो गई थी, जहाँ बिस्तर पर मुझे अकेला छोड़कर राजू जा बैठे थे। उस लम्बी-सी आरामकुर्सी में फैलकर राजू का अस्तित्व सीमित-सा लग रहा था। हलकी रोशनी में मैं देर से राजू को सिगरेट के धुएँ के छल्ले बनाते देख रही थी। घंटे-भर से राजू कुछ भी नहीं बोले थे।

मुझे अपने पीछे महसूस कर वह एकदम उठ खड़े हुए थे, दूसरी सिगरेट जलाई थी, और सामने का पर्दा खींच दिया था। पर्दा खींचते ही दूर तक फैला तालाब और आकाश में गुमसुम सितारे हमारे बिलकुल पास आ गए थे।

'राजू...' मैंने उनके कन्धे पर अपना सिर रख दिया था।

राजू मुझे धक्का देकर एकदम अलग हो गए थे। 'कुँवारी!' उन्होंने फुफकारते-से स्वर में कहा था, 'फिर शादी-ब्याह का ढकोसला रचाने की क्या जरूरत थी!' और राजू अपना सिर पकड़कर बैठ गए थे। 'तुम कल ही अपने घर वापस जाओ! मैं नहीं रह सकता...और...मैं सोच भी नहीं सकता था कि तुम ऐसी निकलोगी! कौन था वह? बताओ, कौन था?...'

एकदम मेरे पास सोता अंशुल चौंक गया था। बाहर सड़क पर शायद दो कुत्ते एक-दूसरे से लड़ पड़े थे। मैं अंशुल को थपकी देकर सुलाने की कोशिश करने लगी थी। अभी अगर जाग गया तो 'डैडी-डैडी' करके आसमान सिर पर उठा लेगा। मैं लोरी गुनगुनाने लगी थी—हर बच्चे और उसकी माँ के बीच, सपनों की दुनिया की ओर ले जाता वह पुल...!

शादी के अगले दिन जब मैंने राजू से अपने घर वापस जाने को कहा था तो अपने सारे ग़ुस्से के बाद भी उन्होंने मुझे रोक लिया था। मेहमानों में भी राजू बहुत नॉर्मल ढंग से व्यवहार करते रहे थे। धीरे-धीरे बात पुरानी होती गई थी। राजू का एक ही सवाल था—कौन था वह? न अब वह मुझे कहीं अकेला आने-जाने देते थे। पूरी कोशिश वह यही करते थे कि ज़्यादा समय मेरे साथ बिताएँ। नफ़रत-मुहब्बत, दोनों चीज़ें राजू के व्यक्तित्व में मेरे लिए अजीब तरह गड्डमड्ड हो गई थीं।

क्लॉक दस के घंटे बजा रहा था और अब मेरी बेचैनी सारी जानी-मानी सीमाएँ उलाँघने लगी थी। राजू अभी तक लौटकर नहीं आए थे।

सन्नाटे में बाहर कम्पाउंड में किसी कार के रुकने की आवाज़ लगी थी...राजू। मैं तेज़-तेज़ ड्राइंगरूम तक आई थी और खिड़की का पर्दा उठाकर बाहर झाँका था।

'कितने पैसे?' किसी पुरुष की आवाज़।

'साढ़े पाँच रुपए।' दूसरी आवाज़।

'रीगल टाकीज़ से यहाँ तक साढ़े पाँच रुपए? क्या अन्धेर है!' औरत की आवाज़ थी।

राजू की बड़ी बहन जीजी, जीजाजी और उनके बच्चे शायद फ़िल्म देखकर टैक्सी से लौट रहे थे। इसका सम्बन्ध मकान के दूसरे हिस्से से था।

मैंने पर्दा गिरा दिया था।

दो

ड्राइंगरूम में लौटकर मैं फिर राजू का इन्तज़ार करने लगी थी। एक-एक पल बोझिल हो गया था। जैसे समय बीतने के बजाय परत-दर-परत वहीं मेरे आसपास जमता जा रहा हो और समय की उन जमती परतों के बोझ में मैं दबती जा रही हूँ! उस हर पल गहरी होती ख़ामोशी और इन्तज़ार में बिताते हुए हर पल के साथ मुझे किसी आनेवाली दुर्घटना का विश्वास होता गया था...

'देखे जाओ!' राजू की मम्मी मुझे सुनाते हुए अपनी बेटी और दामाद से कहतीं—'बस, सब कुछ देखे जाओ! काम पर जाना तो बन्द कर ही दिया है। पत्नी के बनाव-सिंगार देखने से कौन रोकता है? मगर पत्नी में भी इतनी समझ हो कि कब बनाव-सिंगार करना है! जाने वहाँ काम के बजाय क्या हो रहा है?'

यह तब की बात है जब मेरी शादी हुए कुछ महीने ही हुए थे।

सच में तो राजू के परिवार से मेरी कभी बनी ही नहीं थी। उनके पिता का देहान्त हो चुका था और वह अपनी लाखों की जायदाद और कंस्ट्रक्शन का बड़ा-सा कारोबार राजू के नाम छोड़ गए थे। राजू उनके अकेले पुत्र थे और उषा दीदी अकेली पुत्री। विवाह के फौरन बाद ही मुझे लगा था, मम्मी और दीदी मुझसे ख़ुश नहीं थीं। फिर धीरे-धीरे बातें सामने आई थीं और राजू ने ख़ुद ही बताया था कि मम्मी राजू का विवाह किसी दूसरी लड़की से करना चाहती थीं।

'हमारी मम्मी ज़रा पुराने टाइप की हैं। चाहती थीं, बहू तो अच्छी हो ही, दहेज भी मिले। हम ठहरे तुम्हारे भक्त, अन्त में उन्हें हथियार डालने पड़े।' राजू ने अपने ख़ास अन्दाज़ में हँसते-हँसते कहा था—'शायद इसीलिए तुम्हारी शिकायत करती रहती हैं। आज भी कुछ कह रही थीं। उन्हें ख़ुश रखने का तुम्हें ख़ास ख़याल रखना पड़ेगा।'

'ख़याल किस तरह रखा जाए?' मैंने थोड़े तेज़ स्वर में पूछा था। 'अगर कोई बुरा मानने को तुला ही बैठा हो तो उसे कैसे ख़ुश रखा जा सकता है?'

राजू थोड़ी देर तक बैठे सोचते रहे थे। फिर उनके चेहरे पर उलझन के बजाय हँसी आ गई थी।

'मालूम है, मम्मी क्या कह रही थीं... ?' राजू ने हँसते हुए कहा था, 'कह रही थीं कि उनकी पिताजी से शादी के दूसरे ही दिन पिताजी किसी ज़रूरी काम से लाहौर चले गए थे और फिर पाँच महीने बाद लौटे थे। 'यह थे पहले पुरुष,' मम्मी कह रही थीं, 'और पाँच महीने में उन्होंने हमें कोई पत्र भी नहीं डाला था।' तो अब बताओ, क्या ज़रूरी है कि मैं भी कुछ काम निकालकर लाहौर ही जाऊँ ?' और फिर राजू ने आगे बढ़कर मुझे बाँहों में कसते हुए कहा था—'सच बात तो यह है कि मैं तो तुम्हें एक दिन को भी...'

'वह तो मैं समझती हूँ!' न जाने इतनी कड़वाहट मेरी आवाज़ में कैसे इकट्ठी हो गई थी। 'और उसका कारण भी! इसीलिए, जैसा मम्मी कहती हैं, आपका काम उलट-सुलट हो रहा है, नौकर-मुनीम पैसे बना रहे हैं, लेकिन मुझे अकेला कैसे छोड़ा जा सकता है! मैं तो इसी का इन्तज़ार करती हूँ कि आपकी आँख बचे... !'

सुनकर राजू कुछ देर तक चुप रहे थे। अपनी चुप्पी से शायद वह यह बताना चाहते थे कि मैं ग़लत शब्दों में बात कह रही थी। फिर थोड़ी देर बाद अपने ख़ास सहजता वाले ढंग से उन्होंने मुझे समझाया था कि वह मुझसे बेइन्तहा प्यार करते हैं। ये और जाने क्या-क्या कि वह मेरे लिए कुछ भी कर सकते हैं—क़त्ल, डाका, चोरी।... और मैं अपने आसपास फैली आराम-आसाइश की चीज़ों को देखती रही थी—कमरों में फिट कूलर्स, रेफ्रीजरेटर, बाहर कम्पाउंड में खड़ी कार, पहनने के क़ीमती कपड़े, ख़र्च करने के लिए हज़ारों रुपए, नौकर-चाकर और मुझे लगा था, प्रेम तो राजू मुझसे करते हैं।

फिर मम्मी को ख़ुश रखने के लिए राजू के बताए तरीक़ों को भी मैंने अपनाने की कोशिश की थी। लेकिन मेरी सारी कोशिश के बाद भी मेरी मम्मी से बन ही नहीं पाई थी और उनसे न बनने का मतलब था—उषा दीदी और उनके परिवार से भी, जो घर के दूसरे हिस्से में रहता था, एक तरह की ठंडी जंग।

शादी के एक साल के भीतर ही मम्मी भी उषा दीदी की तरफ़ ही शिफ्ट हो गई थीं। अब वह कभी-कभी हमारी ओर आती थीं और वह भी तब जब उन्हें राजू से काम-काज के बारे में कुछ पूछना होता, या किसी न दिखनेवाले आगामी ख़तरे से डराना होता। लेकिन राजू के मामलों में कोई फ़र्क़ नहीं आया था। उनका ज़्यादातर समय मेरे साथ ही बीतता था।

'प्यार के कुछ ही दिन तो होते हैं,' वह कहते—'अब कुछ दिनों में तुम्हारे बच्चा हो जाएगा, फिर ? धन्धा— ? अरे कहने की बात है, कल से तुम देखना, मैं रेगुलरली जाना शुरू करूँगा तो एक हफ़्ते में सब ठीक हो जाएगा। मम्मी तो यूँ ही घबराती हैं।'

और, अगर राजू मुझे अकेला छोड़कर कहीं जाते भी तो वापसी पर देर तक उनकी नज़रें मुझे जासूसों की तरह टटोलती रहतीं और वह मुझसे नज़रें मिलाए बग़ैर बात करते। घर में आनेवाले हर आदमी के बारे में पूछताछ की जाती।

शादी की पहली रात के बाद से ही यह राजू का नियम था।

एक दिन राजू ने मुझे किसी फ़िल्मी मैगज़ीन में किसी हीरो की तसवीर ग़ौर से देखते पकड़ लिया। महीनों—बल्कि आज तक यह बात एक तमाशा बनी हुई है। इस हीरो की कोई फ़िल्म अगर मैं ग़लती से भी राजू के साथ देखने गई हूँ, तो सारे समय राजू हॉल में बैठकर मुझे घूरते रहे हैं और फिर घर आकर किसी-न-किसी बात को बहाना बनाकर लड़ाई ज़रूर हुई है। समय बीतने पर भी उनके रवैए में कोई अन्तर नहीं आया था।

'मुझे लगता है कि इनमें से आधे तो साले तुम्हारी वजह से आते हैं!' अपनी आवाज़ में सारी कड़वाहट समेटे राजू ने सहजतापूर्वक कहना चाहा था। अवसर था हमारी शादी की पहली वर्षगाँठ का। उस समय सबके जाने के बाद मैं अपने कमरे में बैठी हाथ की चूड़ियाँ उतार रही थी। 'पहले बुलाओ तो इतने लोग नहीं आते थे,' उन्होंने जोड़ा था—'और ख़ास तौर से...जैसे हमारे दोस्त रिज़्वी!'

राजू चुप हो गए थे और मैं बैठे-बैठे अपनी चूड़ियों से खेलती रही थी। मैंने उन्हें जवाब नहीं दिया था।

'क्या ख़फ़ा हो गईं... ?' थोड़ी देर बाद मेरी चुप्पी देखकर उन्होंने मेरी कमर के गिर्द बाँहें कसते हुए कहा था।

मैंने बिना कोई उत्तर दिए या ग़ुस्सा दिखाए उनके हाथों को झटक दिया था।

'नहीं...नहीं...तुम ग़लत समझ गईं,' राजू ने एकदम मुझे लिपटा लिया था। 'मैं कोई यह थोड़े कह रहा था कि...अरे बाबा, ग़लती हो गई, भूल जाओ, माफ़ कर दो...। लो, हाथ जोड़कर माफ़ी माँग लेते हैं...! अरे यार, चलता है...!'

और फिर उस दिन...

उस दिन शाम को राजू कहीं गए हुए थे, जब रिज़्वी घर आया था। रिज़्वी से, राजू ने बताया था, उनकी बचपन की दोस्ती थी। कभी दोनों साथ खेले थे, फिर साथ स्कूल में पढ़ा था और रिज़्वी की शहर में हार्डवेयर की दुकान थी। कंस्ट्रक्शन के लिए सारा सामान राजू रिज़्वी से ही ख़रीदते थे। धन्धे के बाद भी सम्बन्ध धन्धे से अधिक दोस्ती के थे।

मैं ड्राइंगरूम में बैठी रिज़्वी से कुछ बात कर रही थी। कुछ उसने कहा था, जिस पर मुझे हँसी आ गई थी। तभी बाहर कम्पाउंड में राजू की कार आकर रुकी थी और वह ड्राइंगरूम में आए थे। मेरी नज़रें उनसे केवल पल-भर को मिली थीं, लेकिन वह पल राजू की आँखों में आए भाव को देखने के लिए काफ़ी था। वह वही नज़रें थीं जिनसे राजू ने मुझे हमारी शादी की पहली रात तौला था।

'हैलो!' उन्होंने आगे बढ़कर रिज़्वी से हाथ मिलाया था और फिर उन दोनों को बात करता छोड़ मैं अन्दर चली गई थी।

'यह यहाँ किसलिए आया था?' कुछ देर बाद राजू ने अन्दर आकर बर्फ़ की-सी जमी हुई आवाज़ में पूछा था।

मैंने उनकी आँखों में देखा, उस रात वाला वही अजनबीपन, वही क्रूरता और आक्रोश। 'मुझे सब मालूम है!' पास ही पड़े मोढ़े पर धप्प से बैठते हुए राजू ने कहा था, 'सब मालूम है! एक दिन यह तो होना ही था! मैं ही उल्लू हूँ जो तुम्हारे लिए सब कुछ बरबाद करने पर तुला बैठा हूँ! माँ और बहन तक से अपने सम्बन्ध ख़तम कर लिए। तुम साफ़-साफ़ क्यों नहीं बता देतीं कि क्या चाहती हो? बताओ? चुप क्यों हो?'

ग़ुस्से में राजू ने साइड-टेबल को लात मारकर गिरा दिया था और उसका काँच रेज़ा-रेज़ा होकर पूरे कमरे के फ़र्श पर बिखर गया था। बड़ा-सा चीनी का गुलदान उन्होंने खींचकर मेरी ओर फेंका था। मैं अलग हो गई थी और गुलदान और खिड़की का काँच चकनाचूर हुए थे। फिर वह क़ीमती चीनी का लैंप-शेड जो बाबा ने मुझे विशेषकर शादी पर भेंट किया था।

मैंने किसी-न-किसी प्रकार राजू को धकेलकर कमरे के बाहर निकाला था और बेडरूम अन्दर से बन्द कर लिया था।

अन्दर बैठी आवाज़ें सुनती रही। राजू जो मुँह में आ रहा था, बक रहे थे। गालियाँ, तरह-तरह के इलज़ाम और बेमतलब की बातें। उनकी आवाज़ें सुनकर शायद पहले मम्मी आई थीं, फिर उषा दीदी और उनके पति।

पहले मम्मी ने राजू से कुछ पूछा था और राजू चीख़ते-चिल्लाते, पैर पटकते कहीं चले गए थे।

किसी ने दरवाज़ा खटखटाया, लेकिन मैंने कोई जवाब नहीं दिया था। दोबारा दरवाज़ा खटखटाकर मम्मी ने मुझे आवाज़ दी थी, लेकिन मैं चुप रही।

'जान लेकर पीछा छोड़ेगी!' मम्मी की आवाज़ सुनाई दी थी। वह शायद बाहर इकट्ठे लोगों को बता रही थीं। 'सब कुछ तो मिट गया, अब ज़िन्दा भी नहीं छोड़ेगी!'

'औरत को क़ाबू में रखना भी तो मर्द पर है।' उषा दीदी की आवाज़ थी।

जीजाजी चुप रहे थे। उन्हें राजू के पिता ने अपने जीवन में लड़की ही नहीं दी थी, नौकरी भी दिलाई थी। शायद इसीलिए वह दीदी के सामने कुछ नहीं बोलते थे।

देर तक बाहर से बातों की आवाज़ आती रही थी और मैं बिस्तर पर लेटे-लेटे सब सुनती रही थी। फिर धीरे-धीरे सब चले गए और बाहर ख़ामोशी छा गई।

बिस्तर पर लेटे-लेटे जाने कब मेरी आँख लग गई जो बहुत रात गए राजू के कमरे का दरवाज़ा पीटने से खुली। मैं आवाज़ें सुनती रही, लेकिन दरवाज़ा नहीं खोला।

अगली सुबह...

'नहीं, तुम तो कुछ समझती ही नहीं हो,' राजू ने गिड़गिड़ाते-से स्वर में कहा था—'अरे, मेरा मतलब वह थोड़े था...अरे भाई, देखो—रिज़्वी असल में बहुत बुरा आदमी है। इसी से देखो कि साले के पास सब कुछ है, मगर शादी नहीं करता। उम्र भी तीस साल से ज़्यादा होने को आ रही है, मगर नहीं करता। अब तुम्हें क्या बताएँ, शादी से पहले हमने ख़ुद उसके साथ-साथ क्या नहीं किया...! नहीं, मैं तुम्हें बता रहा हूँ, बचपन से ही साला हरामी था। तभी ऐसी-ऐसी हरकतें करता था कि शरीफ़ लोग तो सोच भी नहीं सकते। टीचर्स भी शरमाकर रह जाते थे। इन्हीं हरकतों से इंटर-कॉलेज में सबने इसका नाम 'शिकरा' रख दिया था—रिज़्वी शिकरा! शिकरा जानती हो न? वही, जो कबूतरों का शिकार करता है।'

फिर उस दिन राजू काम पर नहीं गए थे। दिनभर तरह-तरह की छोटी-मोटी हरकतों से वह मुझे ख़ुश करने की कोशिश करते रहे थे—'बस, एक बार हँस दो,' और अन्त में मैं हँस दी थी। यही राजू के लिए काफ़ी था।

उसी शाम हम लोग फ़िल्म देखने गए, वहाँ से 'मून एंड स्टार्स' फ्लोर-शो देखा और वहीं रेस्तराँ में खाना खाया। राजू ने ख़ासी शराब भी पी और मुझे भी मजबूर कर-करके जिन पिलाई।

काफ़ी रात गए जब हम लोग वापस लौटे तो राजू ने इतनी शराब पी ली थी कि रह-रहकर उनका हाथ स्टीयरिंग पर बहक रहा था।

जब कार कम्पाउंड में दाख़िल हुई तो घर का वह हिस्सा, जिधर मम्मी उषा दीदी के साथ रहती थीं, मुझे बड़ा थका-हारा, अकेला-सा अँधेरे में खड़ा लगा। मैं कार में ही बैठी रही। पता नहीं क्यों, मेरी हिम्मत घर के अपने हिस्से को देखने की नहीं हुई। फिर राजू ने मुझे अपनी बाँहों में उठाया और अन्दर ले चले...

तीन

समय बीतता गया था और समय के साथ-साथ हालात बिगड़कर सामने आते गए थे। इन हालात का असर राजू पर भी अजीब ढंग से पड़ा था। पहले तो वह विश्वास ही नहीं कर पाए थे कि चीज़ें उनके क़ाबू से बाहर हो गई हैं, फिर पैसे की कमी उन्होंने जायदाद बेचकर पूरी करने की कोशिश की थी। धीरे-धीरे दुर्घटना के नाम पर इतना कुछ हो गया कि किसी छोटी बात को लेकर परेशान होने की आदत ख़त्म हो गई। पहाड़ी का बंगला बिका, शहर के छुटपुट मकान बिके, दफ़्तरों के नौकर निकाले गए, दोस्तों का आना-जाना कम हुआ। राजू का घर से निकलना लगभग बन्द हो गया। इसी बीच अंशुल पैदा हुआ था और अब दो वर्ष का होने को आ रहा था। राजू आज भी मुझे किसी आदमी के साथ बात करते गवारा नहीं कर पाते। धन्धे की तरफ़ जब वह लौटे थे तो बहुत देर हो गई थी। रेगिस्तान में प्यासा ऊँट जब तक चलता है तो चलता जाता है, एक बार बैठा तो फिर उठ नहीं पाता। राजू की कोशिशों के बाद भी चीज़ें लगातार बिगड़ती ही चली गई थीं।

'सब हरामज़ादे हैं, साले!' थके-हारे जब वह घर लौटते तो समझाने के अन्दाज़ में कहते—'किसी पर ज़रा-सा भरोसा करना मुश्किल है...वही छुरा भोंकता है! ये अपना बुड्ढा मुनीम—दीसाई—जो मम्मी को सारी ख़बरें देता रहता है, इसने भी बर्बाद करने में कम हिस्सा नहीं लिया है। ये और शरीफ़—साले सब ठेकेदार की खाते रहे हैं। ख़ैर!' वह हौसला बाँधते हुए कहते—'थोड़े दिनों की बात है, सब ठीक हो जाएगा। मगर सबसे पहले इन दोनों को निकालूँगा।'

राजू की परेशानी उनके चेहरे-मोहरे और रोज़ की ज़िन्दगी में भी झलकने लगी थी। अब वह खाना खाते-खाते नाराज़ होकर बर्तन तोड़ देते, गुलदान चकनाचूर कर देते। एक दिन किसी बात पर नाराज़ होकर उन्होंने रेडियोग्राम लातें मार-मारकर तोड़ डाला था। बस, रोज़ रात को मेरे सामने राजू अपने आपको बिखेर देते।

'वैसे सब वक़्ती है, थोड़े दिन में ठीक हो जाएगा, लेकिन...' और उनकी आवाज़ खो-सी जाती, 'लेकिन अगर यह सब ख़तम भी हो जाए, सब बर्बाद हो

जाए, लुट जाए—तो भी अगर तुम हो तो मुझे कोई दु:ख नहीं होगा। मैं यह सब हज़ार बार तुम्हारे पैरों में डाल सकता हूँ।'

राजू की मम्मी इस उम्मीद पर कि अब कुछ होता है, अब कुछ हो जाएगा—पहले तो जायदाद को इकाइयों में बँटकर बिकता देखती रही थीं, फिर शायद उन्हें लगा होगा कि ढलान पर लुढ़कते बड़े-से पत्थर का कहीं बीच में ही रुक जाना सम्भव नहीं, बल्कि जो छोटे-मोटे पत्थर उसकी लपेट में आ जाते हैं, वह भी उसी के साथ नीचे की ओर लुढ़कते जाते हैं। अन्त में राजू ने जब घर के बाहरवाली दुकानें भी बेचनी चाही थीं जो क़ानूनन मम्मी की प्रॉपर्टी थीं तो मम्मी ने साफ़ इनकार कर दिया था।

'जानती हो, बुढ़िया क्या कह रही थी?' उस रात राजू ने तीन-चार सिगरेट एक के बाद एक फूँकने के बाद कहा था—'कह रही थी, कुछ हक़ दीदी का भी है और उसे भी कुछ मिलना चाहिए। शादी जैसे दीदी ने ख़ुद अपने पैसे से की हो!' सब साले ऐसे ही हैं! एकदम निराशा उनके शब्दों में जैसे गहरी हो गई थी। 'कुछ दिनों की बात है, कोई साला ये नहीं समझता। अभी तो हमारी हालत घरवालों को ही मालूम है न, कल जब बड़ी उधारीवालों को पैसा नहीं मिलेगा, तो छोटे-छोटे भी फ़ौज लेकर हमला कर देंगे। फिर आएगा मज़ा! दिवालिया! सब नीलाम हो जाएगा। साले, सिर छुपाने को किसी को जगह नहीं मिलेगी! हो जाए, हमने भी सोच लिया, अब तो ऐसा ही हो जाए।'

कर्ज़ा-कर्ज़ा-कर्ज़ा! पता नहीं, किन-किन का कितना-कितना राजू पर निकलता था! रात में अब राजू सोते से चौंक-चौंककर जागने लगे थे। कभी-कभी सोते हुए वह मुझसे लिपट जाते।

'नहीं,' वह बड़बड़ाते हुए-से मुझसे कहते—'नहीं यार, तुम हो तो कोई ग़म नहीं। सब ठीक हो जाएगा।' और उसके थोड़ी देर बाद ही, 'यार, क्या किया जाए? कहीं-न-कहीं से तीस हज़ार का इन्तज़ाम करना है। बताओ, क्या करूँ?'

'कार बेच दो,' एक दिन मैंने धीरे से कहा था।

'ऐं... ?'

'कार बेच दो। कार और घर का दूसरा क़ीमती सामान। और...और मेरे ज़ेवर...' मैंने उन्हें समझाने के अन्दाज़ में कहा था।

'पागल हो गई हो क्या? राजू एकदम चिल्लाए थे, 'इससे अच्छा तो यह होगा कि मैं अपने दिवालिया होने का इश्तहार छपवाकर शहर में बँटवा दूँ! अभी तो इन हाथों में इतनी ताक़त है कि बग़ैर तुम्हारे सहयोग के कहीं से भी कुछ-न-कुछ कर सकते हैं! ज़ेवर...तुम समझती क्या हो?'

फिर कुछ देर बाद संयत स्वर में मुझे समझाते हुए उन्होंने कहा था—'इन सब चीज़ों की अब तो और भी अधिक ज़रूरत है। कल को अगर हम कार बेचते हैं, तो एक पल में सारे शहर को मा'लूम हो जाएगा, हमारी हालत क्या है। छोटे-बड़े, सब समझ जाएँगे कि राजेन्द्र कुमार कंट्रैक्टर निपट गए! समझदारी इसी में है कि किसी-न-किसी तरह यह थोड़ा-सा समय निकाल दिया जाए। इस तरह कि किसी तरह किसी को कुछ पता न चल पाए। बुरा समय किस पर नहीं आता? कल समय बदलेगा। आज ही मैंने एक ज्योतिषी को हाथ दिखाया था और कल उसने मुझे जन्म-कुंडली के साथ बुलाया है। वह भी कह रहा था, अगर यह वर्ष गुज़र गया तो आनेवाला समय बहुत अच्छा है।'

'आप समझते हैं, हमारी यह हालत और कोई नहीं जानता?' मैंने अपने स्वर में आए व्यंग्य को दबाते हुए पूछा था।

'एक-दो दोस्तों के सिवाय कौन जानता है? नारायण को मालूम है..और रिज़्वी को। और रिज़्वी को भी इसलिए कि उसका ख़ुद का भी काफ़ी पैसा निकलता है। अभी तो मैंने उससे कह दिया कि तुम कुछ दिन ठहर जाओ। तुम तो दोस्त हो, आज नहीं, कल भी दिया जा सकता है। पहले ज़रा मार्केट का थोड़ा कर्ज़ा पट जाए, फिर तुम्हें दे देंगे। एक अच्छी बात है कि साला मान लेता है। कहने लगा—तुम कोई अलग हो? कभी भी दे देना, दोस्ती...'

कुछ दिन और बीते थे और फिर एक रोज़ राजू मेरे ज़ेवर ले गए थे, गिरवी रखने के लिए। उन्होंने मुझसे नज़रें चुराते हुए कहा था—'कुछ दिन बाद उठा लेंगे।' और फिर उन्हें ग़ुस्से के फिट्स आना भी बन्द हो गए थे। उन्होंने घर के बाहर निकलना बन्द कर दिया था।

कहीं पुराने सामान से उन्होंने एक गीता खोज निकाली थी जिसका पाठ दिनभर चलता रहता था। और तो और, नन्हे अंशुल को भी गीता के श्लोक समझाने के प्रयत्न किए जाते थे। और हाँ, घर के बाहर या आसपास के भिखारियों का निकलना मुश्किल हो गया था। राजू रेजगारी की थैली लिए उनके इन्तज़ार में बैठने लगे थे। 'किसी तरह यह साल गुज़ारना है,' वह कहते।

'तुम,' वह मेरी ओर खोई हुई नज़रों से देखकर कहते—'तुम्हारी मम्मी कितने दिन से लिख रही हैं, तो तुम पूना हो क्यों नहीं आतीं?'

'आप चल पाएँगे?'

'नहीं, नहीं,' वह परेशान स्वर में कहते—'मैं कैसे जा सकता हूँ?'

'मुझे अकेला जाने देंगे?'

और वह चुप हो जाते।

शादी के बाद के इन पाँच वर्षों में राजू ने मुझे अपनी माँ के घर तक अकेले नहीं जाने दिया था। पूना का सब कुछ एक सपना बनकर रह गया था। इन पाँच वर्षों में केवल मम्मी, बाबा, ज्योति और पप्पू से मिलना हो पाया था—तब, जब वह हमारे शहर आकर कुछ दिन के लिए ठहरे थे। मैं एक बार भी पूना नहीं जा पाई थी, न यह मालूम था कि रीता, अलका अब क्या कर रही हैं। जो कुछ भी मालूम होता था, या तो मम्मी या फिर ज्योति के पत्रों से। और ज्योति अंशुल के जन्म पर एक महीने के लिए मेरे पास भी आकर रही थी। बस।

चार

'रात के इस समय?'

मैंने घड़ी की ओर देखा—बारह बजने में बीस मिनट थे। राजू आते तो कार की आवाज़ सुनाई देती। फिर इस समय आनेवाला कौन हो सकता है? और राजू? मेरी बेचैनी सीमाएँ उलाँघने लगी—राजू अभी तक कहाँ अटके हुए हैं?

बाहर कोई रह-रहकर कॉलबेल का बज़र दबाए जा रहा था।

राजू को गए चार घंटे से ज़्यादा होने को आ रहे थे।

'हो आता हूँ,' जाने से पहले उन्होंने बहुत थकी-हारी आवाज़ में कहा था—'ऐसा जाने क्या ज़रूरी काम मेरे न जाने से अटक रहा है!' उनके स्वर में झल्लाहट थी।

फिर कार में राजू, रिज़्वी के यहाँ रवाना हो गए थे।

इन दिनों रह-रहकर टेलीफ़ोन की घंटियाँ बजना तो एक मामूली बात हो ही गई थी, लेकिन आज दिन में पाँच बार रिज़्वी का फ़ोन आया था। ज़्यादातर फ़ोन पर मुझे यही कहना होता था कि राजू घर पर नहीं हैं, और यही मैंने रिज़्वी से कहा था। राजू ने मुझसे यही कहने को कहा था। इसके बाद भी हर टेलीफ़ोन के साथ राजू का रंग पीला पड़ता गया था।

अन्त में रिज़्वी का रुक्का लिए एक आदमी ख़ुद आया था और उसको देखकर राजू के रहे-सहे हवास भी जाते रहे थे। काँपते हाथों से उन्होंने लाए गए रुक्के को पढ़ा था और, 'तुम चलो, हम आते हैं,' रुक्का लानेवाले से कहा था।

रुक्के में लिखा था : बहुत ज़रूरी काम है, फ़ौरन मिलो, रिज़्वी।

'ऐसा भी क्या हो सकता है?' अन्त में मैंने झुँझलाकर पूछा था।

'मुझे क्या पता?' राजू ने मुश्किल से इतना ही कहा था और एकदम चुप हो गए थे।

उनके चेहरे पर जिस तरह की भावहीनता थी, उसे मैं समझती हूँ। बहुत ज़्यादा परेशानी में ही राजू की यह हालत होती है। मुझे उसी समय डर लगा था। फिर राजू चले गए थे और यह डर धीरे-धीरे मेरे ख़ून में मिलकर शरीर के रगों-रेशे में दौड़ने लगा था। डर—किसी अनजानी बात का डर!

और इस समय राजू को गए चार घंटे से भी ज़्यादा हो चुके थे।

बाहर से फिर किसी ने बज़र प्रेस किया था और मैं उछलकर खड़ी हो गई थी। कॉलबेल की आवाज़ें सुनकर अभी अगर अंशुल जाग गया तो रो-रोकर सारा घर सिर पर उठा लेगा! तेज-तेज़ चलती मैं ड्राइंगरूम तक आई थी।

'कौन है?' हिम्मत करके मैंने पूछा था।

जवाब में फिर किसी ने बज़र दबाया था जो इस बार बजता ही गया। एकदम तैश में आकर मैंने दरवाज़ा खोला था।

बाहर राजू खड़े थे।

'अरे, आप!' मेरे मुँह से निकला था, 'मैं सोच रही थी—पता नहीं, कौन इस समय...'

राजू वहीं खड़े रहे थे। मैंने देखा, उनकी आँखें गीली हो रही थीं, साँस धौंकनी की तरह चल रही थी और कपड़े अस्त-व्यस्त हो रहे थे।

'क्या बात है?' मैंने आगे बढ़कर पूछा था। 'आप हो कैसे रहे हैं?' और फिर मैंने देखा था, कम्पाउंड में कार नहीं थी। 'क्या बात है, क्या आप पैदल आ रहे हैं?'

बड़ी मुश्किल से खींचकर मैं राजू को अन्दर लाई थी। वह पसीने में डूबे हुए थे, टाई की गाँठ तिरछी होकर झूल रही थी और सीना धौंकनी की तरह फूल-पिचक रहा था।

सोफ़े पर बिठाकर मैंने उनका कोट उतारते हुए पूछा था, 'क्या बात है, बताइए न? कार कहाँ गई? आप यहाँ तक कैसे आए हैं? बोलिए न?' मेरी आवाज़ आप ही आप तेज़ हो गई थी।

'रिज़्वी...' मुश्किल से राजू के मुँह से इतना ही निकला था और एकदम वह फफक-फफककर रो पड़े थे। 'बताओ, अब क्या होगा...?' उन्होंने घुटी-घुटी आवाज़ में कहा था, 'कल सबको मालूम हो जाएगा कि मैं दीवालिया हो गया हूँ! उसने कार वहीं रखवा ली...रिज़्वी ने बातों-बातों में मेरे हाथ से कार की चाबी ले ली और कहने लगा, आप यहाँ से पैदल जाएँगे। पहले तो मैं समझा, साला मज़ाक कर रहा है। फिर मैंने उसे समझाया कि तुम तो दोस्त हो...और फिर अब थोड़े ही दिनों में तुम्हारा सब पैसा अदा हो जाएगा, सिर्फ़ कुछ दिन और सब्र कर लो। सब साला चुपचाप सुनता रहा। फिर चलते समय जब मैंने चाबी माँगी, कहने लगा—कौन-सी चाबी? आप यहाँ से पैदल जाएँगे। मैंने उससे क्या-क्या नहीं कहा, किस-किस चीज़ का वास्ता नहीं दिया, अरे आख़िर में उसके पैर पकड़ लिए कि सारी इज़्ज़त तेरे हाथ में है...बस, कुछ दिन...हाथ जोड़ लिए। अब बताओ, क्या होगा? अब कल क्या होगा?' राजू लगातार बच्चों की तरह फूट-फूटकर रोए जा रहे थे और कह रहे थे—'कल क्या होगा—अब कल क्या होगा?'

'अब क्या हो सकता है राजू, रोने से? मतलब, जो कुछ भी होना होगा, ठीक

है। भुगत लेंगे।' मैंने उनके पास बैठकर सिर के बालों में उँगलियाँ फेरते हुए कहा था—'इतना परेशान क्यों होते हैं?'

'नहीं, नहीं,' राजू ज़ोर लगाकर बोले थे—'अरे तुम नहीं समझतीं! तुम्हें कैसे बताऊँ, सब गड़बड़ हो जाएगा। सब मिट्टी में मिल जाएगा!'

राजू बराबर रोए जा रहे थे और उनकी आँखों से आँसू फूटे पड़ रहे थे—'सब ख़तम हो जाएगा। सब...' फिर ऐसा लगा, जैसे राजू बेहोश हो गए हों!

'राजू...' मैं लपककर पानी का गिलास लाई थी, कुछ पानी उनके हलक में डाला था और मुँह पर छींटे देते हुए उन्हें आवाजें दी थीं।

पहली, दूसरी, फिर तीसरी आवाज़ पर उन्होंने हूँ-हाँ किया था।

'मम्मी...अरे मम्मी!' इस बार होश में आते ही उन्होंने मम्मी को पुकारना शुरू कर दिया था—'अरे बचा लो, अरे कोई मुझे बचा लो, अरे कोई...' और वह फिर बेहरकत हो गए थे।

देर तक मैं बेसुध-सी उनके पास बैठी रही थी। मुझे नहीं मालूम, उन क्षणों में क्या हुआ था, मैंने क्या सोचा था। मुझे यह भी नहीं मालूम कि उन पलों में मैं जीवित भी थी या नहीं।

'बचा लो...!' राजू ने थोड़ा करवट बदलते हुए कहना शुरू किया था।

'राजू!' मैंने ऊँची आवाज़ में उन्हें पुकारा था। लग रहा था, समय एकदम बहुत तेज़ी से बीतने लगा।

'राजू,' मैंने दुहराया—'तुम घबराओ मत, मैं अभी थोड़ी देर में वापस आती हूँ।'

राजू बिलकुल चुप रहे थे।

डेढ़, दो, या ढाई घंटे बाद कार का हॉर्न सुनकर राजू दीवानावार घर के बाहर निकले थे। उस समय कार की हेड-लाइट्स जल ही रही थीं और उसकी रोशनी में भी उनके चेहरे पर एकदम आ गए आश्चर्य से अधिक इत्मीनान के भाव को मैं साफ़-साफ़ देख सकती थी। वह एकदम से ख़ुश और निश्चिन्त हो गए थे।

मैंने वहीं कार की सीट पर बैठे-बैठे देखा—राजू की मम्मी की ओर वाला मकान का हिस्सा इस समय भी बिलकुल सुनसान था। सुनसान और अँधेरा।

गाड़ी की हेड-लाइट्स बुझाने और इंजन ऑफ़ करने के बाद हम लोग नीचे उतरे थे। रिज़्वी ने चाबियों का गुच्छा हवा में उछाला था और राजू ने उत्सुकता से उछलकर उसे हवा में ही थाम लिया था।

'अच्छा,' थोड़ी देर बिलकुल चुप खड़े रहने के बाद रिज़्वी ने कहा था। 'अच्छा, मैं चलता हूँ। अच्छा, राजू। अच्छा, भाभी।'

'मगर यार, जाओगे कैसे?' राजू ने बेचैनी से कहा, 'क्या बताऊँ, इस समय तो तुमने मेरी इज़्ज़त रख ली। चलो, मैं चलता हूँ, तुम्हें कार में छोड़ आता हूँ।'

'दोस्त ही दोस्त के काम आते हैं,' रिज़्वी ने कहा था—'तुम फ़िक्र मत करो, पास ही तो घर है। टहलता हुआ निकल जाऊँगा। इतनी रात गए तुम्हें तकलीफ़ देना अच्छा नहीं लगता। अच्छा, भाभी,' और रिज़्वी कम्पाउंड से बाहर निकल गया था।

थके क़दमों मैं अन्दर चली थी और राजू मेरे पीछे-पीछे हो लिए थे।

'सब गड़बड़ हो जाता, मुझे तो आत्महत्या ही करनी पड़ती! इस समय तुमने वह काम किया है जो...! और ख़ुद मैंने साले को कैसे-कैसे समझाया, किन-किन चीज़ों के वास्ते दिए...तुम तो जानतीं भी नहीं, हम लोग कितने छुटपन से साथ रहे हैं। एक ही स्कूल में पढ़ते थे, एक ही मास्-साब, श्रीवास्तव सर से घर पर ट्यूशन लेते थे।...मैं लेता था, यह आकर वैसे ही बैठ जाता था। उन दिनों पिताजी का जंगल का काम चलता था और रिज़्वी के अब्बा, आलम साब, जंगल के पटवारी थे—दिन-रात पिताजी की अर्दली में रहते थे। मगर साले ने क्या आँखें फेरी हैं...मैं तो डर रहा था, कहीं दिल का दौरा न पड़ जाए...मगर तुमने तो कमाल ही कर दिया।'

राजू लगातार बोले जा रहे थे। भीतर कमरे में वह सोफ़े पर आराम से फैलकर बैठ गए थे, जैसे किसी पिकनिक से थके-हारे लौटे हों! मैं अन्दर अंशुल के पास चली गई थी।

क्या कुछ हुआ था, पता नहीं। मेरा दिमाग़ बहुत अन्दर तक बिलकुल ख़ाली हो गया था। और वह डर रगों में दौड़ते-दौड़ते जैसे एकदम दर्द में परिवर्तित हो गया था—ख़ून में घुलकर रगों में, हाथों, पैरों, दिमाग़ में धड़कता दर्द। मैं बिना कपड़े बदले वैसे ही अंशुल के पास लेट गई थी। क्या कोई ऐसी धुन नहीं होती जिसे जब माँ गुनगुनाए तो बच्चा जाग जाए...सपनों को छोड़कर उसके पास आ जाए...?

लेकिन, राजू ने ड्राइंगरूम से ही पुकारा था। कुछ देर की चुप्पी रही थी, फिर राजू के उठते क़दमों की आवाज़ सुनाई दी थी, जो धीरे-धीरे क़रीब आती गई थी। मैंने लेटे-लेटे आँखें बन्द कर लीं।

'मगर तुमने आज साबित कर दिया!' मेरे पास मसहरी पर बैठते हुए राजू मेरे ऊपर झुक गए थे। 'यही कि तुम सचमुच मेरी बेटर-हॉफ हो।'

'प्लीज़, राजू,' मैं करवट बदलकर अलग हो गई और राजू वैसे ही बैठे रहे थे।

'क्या बात है?' उन्होंने मेरे पास खिसकते हुए कहा था। उनकी आवाज़ में बला का प्यार उमड़ता आ रहा था। 'तुम कैसे हो रही हो? क्या थक गईं?'

'नहीं राजू, हर काम का एक समय होता है,' मेरी आवाज़ आप-ही-आप तेज़ होती गई थी। 'ये क्या हुआ कि खाना बनाते में, नहाते-धोते में, बच्चे को दूध पिलाते में हर जगह बस वही! हम लोग भी इन्सान ही हैं न, कुत्ता-बिल्ली तो नहीं! नो राजू, आई हेट इट! नो!'

राजू सुन्न-से बैठे रह गए थे। ऐसे, जैसे उन्हें साँप सूँघ गया हो। एक ख़ास तरह की शर्मिंदगी में डूबी मुसकान उनके चेहरे पर फैल गई थी।

इस मुसकान को मैं बहुत अच्छी तरह जानती हूँ। जब भी राजू यों मुस्कुराते हैं, अन्दर-ही-अन्दर उनका बदन जलने लगता है और हाथ-पैर बेक़ाबू होने लगते हैं।

कुछ देर वैसे ही चुपचाप बैठे रहने के बाद राजू ज़ोर से हँसे थे, मगर हँसी ख़ुद उनसे ही टकराकर टूट-सी गई थी।

'अरे यार,' उन्होंने फिर से आगे बढ़ते हुए कहा था, 'तुम तो नाराज़ हो गई! क्या बात है?' उन्होंने दुलारते-से स्वर में पूछा था। 'लाओ, तुम्हारे हाथ-पैर दाब दें। हुक्म दो।'

मैंने एकदम राजू की आँखों में देखा था।

'क्या...हुआ क्या है?' एक पल को उनकी आवाज़ काँपी थी।

'बात पूछते हो? तुम समझते हो, तुम न निकालोगे तो मैं भी चुप रह जाऊँगी? कुछ नहीं हुआ! मैं रिज़्वी के घर गई। वह मेरा इन्तज़ार कर रहा था! उसने मुझे कार में बिठाया और यहाँ छोड़ गया—कार भी और मुझे भी! और बेचारा ख़ुद पैदल ही चला गया! यही हुआ न, क्यों!'

'तुम्हारा मतलब क्या है?' आप-ही-आप राजू की नज़रें मेरी नज़रों से हट गई थीं। मैंने देखा, उनके हाथों में हलकी-सी कँपकँपी थी।

'मतलब!' मेरी आवाज़ एकदम बेक़ाबू हो गई थी। फिर मुझे भी अपनी ब्लाउज़ के बटन टूटने और चिरने की आवाज़ ही सुनाई दी थी। बिलकुल पागलपन से मैंने ब्लाउज़ अपने शरीर से अलग किया था। 'ये...' मैंने अपने वक्ष पर पड़ी खराशों और जगह-जगह उछले हुए लाल दाग़ों को उनके सामने नंगा करके कहा था—'ये...राजू, रिज़्वी के दाँतों, उसकी दाढ़ी, उसके नाख़ूनों की खरोंचें हैं! और कुछ...?'

राजू एकदम धप् से उसी जगह ढेर हो गए थे।

मैं फिर से अंशुल के पास लौट गई थी। 'जो बच्चे बचपन में सुकून की नींद सोते हैं, बड़े होकर दुनिया में बड़े-बड़े काम करते हैं, अंशुल बेटा! सो जाओ..,' कमरे की फैली हुई रोशनी में मैंने राजू को आवाज़ दी थी। 'बहुत रात बीत चुकी है।'

पाँच

सारी रात मुझे तरह-तरह की आवाज़ें सुनाई देती रही थीं। घर से दूर सड़क पर से गुज़रते ट्रक, दूर कहीं भौंकते कुत्ते और सन्नाटे में रह-रहकर गश्त करनेवाले की सीटी—जाने कौन-कौन-सी आवाज़ें थीं, जो रातभर मुझे परेशान करती रहती थीं और मैं रह-रहकर बिस्तर पर चौंककर अंशुल को ख़ुद से चिमटाती रही थी।

अन्त में जब आँख खुली तो रोशनी फैल चुकी थी और धूप ड्राइंगरूम की खिड़की फलाँगकर अन्दर आ चुकी थी। नौकरानी ने पोंछा कर दिया था और रसोई से बर्तनों के खनकने की आवाज़ें आ रही थीं।

अंशुल और राजू दोनों कमरे में नहीं थे।

'साब कहाँ हैं?' मैंने रसोई के बाहर से आवाज़ लगाकर नौकरानी से पूछा था।

उसने बताया कि उसके आने पर सब घर में नहीं थे। दरवाज़ा उसे खुला मिला था।

'और अंशुल?'

'बाबा? बाबा को सुमन ले गई हैं, बड़े घर। आप सो रही थीं और अंशुल बाबा रोने लगे। हमने उनको बाथरूम करा के, नहलाकर कपड़े पहना दिये, दूध पिला दिया। बाई, सचमुच अंशुल बाबा कितने समझदार हैं! मैं पौडर छिड़क रही थी, ग़लती से आपका पौडर हाथ में आ गया, एकदम चिल्लाने लगे—मम्मी का, नहीं, मम्मी का...! कितने छोटे हैं पर...फिर सुमन उन्हें ले गईं—बड़े घर।'

केवल अंशुल ही था जो घर के दोनों हिस्सों में बिना रोक-टोक जा सकता था। बड़े घर, यानी मम्मी और दीदी की तरफ़। मम्मी उसे अपने पास बुलवा लेती थीं, और तरह-तरह से उस पर स्नेह की वर्षा करती थीं।

एक दिन तो जब मैंने भी अंशुल से पूछा था कि अंशुल बेटा किसका है, तो उसने मम्मी या डैडी का कहने के बजाय 'दादी का' कहा था। तरह-तरह की हरकतें करके वह उनका दिल बहलाता था। अभी वह बोलना सीख ही रहा था और शब्द

सही-सही उसके मुँह से निकलना शुरू भी नहीं हुए थे, लेकिन जो देखता था, वह यही कहता था कि समझदार बच्चा है।

'देखना, बड़ा होकर अंशुल कितना तेज़ निकलेगा,' मैं राजू से कहती और राजू एक चुप-सी मुसकान लिये, जिसके पीछे गर्व भी होता था और दबी-दबी-सी ईर्ष्या भी, चुपचाप देखते रहते।

'तुम देखना,' वह शरारत से कहते—'मेरी तो बेटी होगी! साले, जब सड़क पर निकला करेगी, लड़कों के दिलों पर हल चल जाया करेंगे! तुम देखना।

'जी चाहता है, साले का मुँह नोच लो...' अंशुल को मेरी छाती से चिपटकर दूध पीते देखकर वह प्यारमिले ग़ुस्से से कहते—'पेट भर जाएगा, तब भी साला नहीं छोड़ेगा!' और फिर प्यार से वह उसके चिमटी नोंच लेते—'अरे बेटा, छोड़ दो, कुछ हक़ तो हमारा भी है!' और यह सब कहते समय भी प्यार और ग़ुस्से की तह में डोलती ईर्ष्या होती थी।

'अंशु मेरा बेटा है!' कहकर मैं अंशु को और सीने से चिपटा लेती थी।

लेकिन राजू? उनका इस समय घर पर न होना? इतनी सुबह राजू घर से कभी नहीं निकलते थे। जिन दिनों काम बहुत ज़ोरों पर था, तब भी नहीं।

'साले इतनी जो तनख़्वाह खाते हैं, किसलिए हैं? बुड्ढा दीसाई किसलिए है?' दिन के लगभग दस बजे वह बिस्तर पर ही चाय पीते हुए कहते। 'ये सब पैसा और आराम का सामान किसके लिए है? काम तो सब हो ही जाते हैं।'

फिर इस समय राजू कहाँ जा सकते हैं? और इन दिनों जबकि वह घर से बाहर ही न निकलना चाहते हैं! मैंने उसी जगह खड़े-खड़े नौकरानी को फिर से आवाज़ दी। एकदम जाने क्या हुआ और मुझे लगा, जैसे ज़मीन ने मेरे पैर पकड़ लिए हों!

'जी, बाई,' कहती हुई नौकरानी रसोई के बाहर आई थी।

'कुछ नहीं, रहने दो,' मैंने उससे कहा था, और एक पल को वह मुझे अजीब-सी नज़रों से देखती रही थी। 'जाओ, तुम अपना काम करो,' मैंने कहा।

बोझिल क़दमों, फ़ासला तय करती मैं ड्राइंगरूम तक आई थी, और वहाँ तक आने में ही थक गई थी। दिल छाती में धड़कता साफ़ सुनाई देने लगा था—वहीं कहीं, पसलियों में तड़पकर टकराती दिल की धड़कन और रगों में दौड़ते, लौटते ख़ून का खिंचाव और तनाव। मैंने हिम्मत करके बाहर का दरवाज़ा खोला था और फिर एक ही पल में मैं बिलकुल हलकी हो गई थी। ज़मीन ने, जैसे आप-ही-आप मेरे पाँव छोड़ दिये थे।

तमतमाती धूप में बाहर कार वैसे ही खड़ी हुई थी। उसी जगह।

अन्दर ड्राइंगरूम में एक टेबल पर सारी ऐश-ट्रे सिगरेट के टोंटों और राख से भरी रखी थी और सोफ़े के हत्थे पर, कमरे के फ़र्श पर, कोनों में हर जगह सिगरेट के गुलों और अधजली सिगरेटों का ढेर था। एक टेबल क्लॉथ दो-तीन जगह से जल गया था और कालीन का एक हिस्सा भी राख में खाकी हो रहा था। मतलब यह कि राजू रातभर जागते रहे थे।

देर तक मैं एक कमरे से दूसरे में टहलती रही—यूँ ही बेमक़सद। फिर तौलिया उठाकर बाथरूम में बन्द हो गई और जाने कब तक अपने ऊपर पानी बहाती रही...!

'मैं सब देख रहा हूँ...' राजू सिसकारी लेकर बाहर से कहते थे, बाथरूम के दरवाज़े के बाहर से। 'अरे यार...!' उनके स्वर में विनती होती—'अरे दरवाज़ा खोल दो यार! खोल दो न! हम कोई ग़ैर हैं क्या?'

'राजू, प्लीज़, नहीं!' मैं पता नहीं क्यों घबरा जाती—'देखो, प्लीज़...राजू, मैं मम्मी से कह दूँगी!'

दरवाज़े में राजू ने पता नहीं कैसे सनें बना ली थीं और उनमें से मुझे नहाता हुआ देखते रहते थे। आँख लगाकर सनों में से झाँकते रहते थे। 'मालूम है,' वह कहते—'औरत सबसे अच्छी कब लगती है? नहाते हुए। और ख़ासकर तब, जब कोई मर्द उसे नहाते हुए देख रहा हो।'

'अगर इसमें कोई बुराई होती,' वह तर्क देते—'तो बाथरूम-अटेच-टु-बेडरूम होता ही क्यों? अंग्रेज़ जो भी करता है, सोच-समझकर करता है। घर का यह पूरा हिस्सा मेरी मर्ज़ी का बना है। हमारे पिताजी को तो इसमें कोई पाइंट ही नज़र नहीं आता था।'

बाथरूम के बाहर वह दीवाने-से इन्तज़ार करते रहते और जब मैं निकलती तो...!

फिर, जब मम्मी, दीदी की तरफ़ शिफ़्ट हो गई थीं और अंशुल का जन्म नहीं हुआ था, तो उस दिन...

'यह क्या कर रहे हो?' राजू को बाथरूम के दरवाज़े से जूझते देखकर मैंने पूछा था। खटर-पटर की आवाज़ सुनकर मैं रसोई से अन्दर आई थी।

'कुछ नहीं,' राजू ने बाथरूम के दरवाज़े का अन्दर का बोल्ट उखाड़ते हुए कहा था।

मैं चुपचाप देखती रही थी और बहुत परिश्रम से उन्होंने बोल्ट उखाड़कर बाहर कबाड़े में ले जाकर फेंक दिया था। अब मैं दरवाज़ा अन्दर से बोल्ट नहीं कर सकती थी...

मैं अपने शरीर पर से पानी बहाती रही और दरवाज़े से उस उखड़े हिस्से को देखती रही जहाँ कभी बोल्ट लगा हुआ था। पूरे दरवाज़े पर पीला पेंट था। सिर्फ़ वह

जगह जहाँ से बोल्ट उखाड़ दिया गया था, छिली हुई लकड़ी के रंग की रह गई थी। मैंने अपनी हमेशा की आदत से दरवाज़ा भेड़ लिया था।

क्या कुछ हुआ था? क्या? कब? पिछली रात मैं कहाँ थी?

बाथरूम से बाहर निकलने पर मैंने देखा, राजू किसी समय वापस आ गए थे। वह रातवाले ही सूट की पतलून और क़मीज़ पहने लेटे हुए थे। मसहरी के पास ही उनकी मख़मल की बेडरूम स्लिपर्स रखी हुई थीं, जिनके पट्टों में धूल-गर्दा भर गया था। मख़मल के काले पट्टे इस समय ख़ाकी लग रहे थे। उनकी दाढ़ी एक ही रात में बढ़ आई थी। इस समय उनकी आँखें बन्द थीं और पैर आप-ही-आप हिल रहे थे। मैं ख़ामोशी से कमरे के बाहर निकल आई थी।

इसी बीच, मैंने बाहर आकर देखा, अंशुल भी वापस आ गया था, और सुमन, विनय, गुड्डू के साथ बरामदे में खेल रहा था।

अंशुल की रेलगाड़ी की बैटरी शायद कमज़ोर हो गई थी इसलिए वह चल नहीं पा रही थी। दूसरा बच्चा उसकी ठोंका-पीटी में लगा हुआ था।

मुझे देखते ही अंशुल ने ठुनकना शुरू कर दिया था। 'नई चलती,' वह रेलगाड़ी की ओर इशारा करके कह रहा था।

लपककर मैंने अंशुल को गोद में उठाकर प्यार किया था, फिर दूसरे कमरे में टॉर्च के सेल खोजने चली गई थी।

सुमन, विनय और गुड्डू, तीनों उषा दीदी के बच्चे—मैंने हमेशा देखा था, मुझे देखकर सतर्क हो जाते थे। मैं न रहूँ तो पूरे घर में अंशुल के साथ खेलते-कूदते फिरते थे, लेकिन मुझे देखते ही सहमकर दूर जा खड़े होते थे। गुड्डू तो अभी छोटा था, ख़ासकर सुमन और विनय। मैं अच्छी तरह समझती थी मेरे प्रति इनके दिल में डर का कारण। मम्मी और उषा दीदी मेरे बारे में इनके सामने क्या कुछ न कहती होंगी! गुड्डू तो अभी छोटा था, उनकी बातों को पूरी तरह समझ नहीं पाता। कल को थोड़ा समझदार होने पर वह भी...! और अंशुल? क्या उसका मम्मी की तरफ़ इतना जाना-आना ठीक था? क्या कल को वह भी...?

मैंने बैट्री का सेल लाकर रेल के इंजन में डाल दिया और रेल फिर से चलने लगी। बच्चे खेल में लग गए और देर तक खड़ी मैं उनको खेल में खोया हुआ देखती रही।

फिर चौके में जाकर मैंने नौकरानी को छुट्टी दी और शाम को जल्दी आने को कहा, प्लेटों का पोंछा किया, टेबल पर बर्तन लगाए, और वहीं बैठ गई। उसी समय दूसरे बच्चे चले गए और अंशुल मेरे पास आ गया।

एकाएक मुझे याद आया, मैंने सुबह की चाय भी नहीं पी थी।

'अंशु बेटा—जाओ...डैडी से कहना, खाना खा लो,' मैंने अंशुल को इशारों से और बोली से समझाया।

अंशुल अपने छोटे-छोटे क़दम उठाता, झूलता हुआ, 'डैडी, डैडी' कहता चला गया।

उस कुर्सी की पुश्त थामे, जिस पर राजू बैठते थे, मैं उनका इन्तज़ार करती रही थी। फिर थोड़ी देर बाद अंशुल की बेतरह रोने की आवाज़ सुनाई दी थी।

'(गाली देते हुए) मरने भी नहीं देते!' राजू की आवाज़ थी। उसके बाद उनके चप्पलों सहित घिसटते क़दम, बाहर के दरवाज़े का खुलना, फिर ज़ोर की आवाज़ से बन्द हो जाना।

अंशुल वहीं कमरे में बराबर रोए जा रहा था।

मैं लपककर अन्दर गई, और अंशुल को गोद में उठा लिया था। उसे चुमकारते हुए मैं ड्राइंगरूम की खिड़की तक आई और झाँककर बाहर देखा था—राजू लड़खड़ाते क़दमों से मम्मी की ओर जा रहे थे।

तभी टेलीफ़ोन की घंटी बज उठी थी। मैंने रिसीवर उठाकर डिस्कनेक्ट कर दिया था।

बहुत रात गए राजू वापस आए थे। बिस्तर पर लेटे-लेटे ही मैंने उनके लड़खड़ाते क़दमों की आवाज़ सुनी थी। उस समय पूरे घर में अँधेरा था, केवल बरामदे में आख़िरी सिरे पर लगा वह बल्ब जल रहा था, जिसकी सारी रोशनी आँगन में लगे नीम की शाखों में ही उलझकर रह जाती थी। अन्दर कमरे का कूलर बन्द था, छत का पंखा चल रहा था और दरवाज़े के दोनों पट खुले थे।

राजू बेडरूम में नहीं आए, वहीं बाहर ड्राइंगरूम में रुक गए थे।

ख़ामोशी में माचिस के सरसराकर जलने की आवाज़ें और अँधेरे के बीच तीली की डूबती-उभरती रोशनी, मैं बिस्तर पर ही लेटी सुनती और देखती रही थी। मेरे जागते तक राजू सिगरेट सुलगा चुके थे।

फिर मेरी आँख राजू के कूल्हने, कराहने से खुली थी। ड्राइंगरूम से उनकी ऐसी आवाज़ें आ रही थीं, जैसे बहुत तेज़ बुख़ार में लोग बड़बड़ाने लगते हैं। लगभग सवेरा ही हो चुका था और रोशनी फैल रही थी। मैं कुछ देर लेटे-लेटे उनकी आवाज़ें सुनती रही, फिर उठकर ड्राइंगरूम में झाँककर देखा। राजू, दीवान पर लेटे हुए थे और उनका पूरा शरीर ऐसे काँप रहा था, जैसे बहुत ठंड लग रही हो! साथ ही उनके मुँह से आवाज़ें भी निकल रही थीं।

'मार डाला!' वह घुटी-घुटी आवाज़ में कह रहे थे—'बर्बाद कर डाला! छोड़ दो, मुझे छोड़ दो! मैं ख़ून कर दूँगा। अलग हट जाओ!' और उनका शरीर थर-थर काँप रहा था।

मैं अन्दर से कम्बल लेकर आई थी और उनको उढ़ाकर वहीं उनके पास बैठ गई थी।

'कौन है?' उन्होंने आँखें खोलकर मुझे देखा था—'अरे, हट जाओ! अरे, मुझे मर ही जाने दो! मुझे मार डालो!' उनकी आवाज़ और तेज़ हो गई थी—'मुझे एक ही वार में ख़त्म कर दो, ज़हर दे दो, फिर सुकून से रहो! इस तरह पल-पल मुझे तरसाकर क्यों मारते हो? अरे, मुझे मार डालो! मम्मी...!'

फिर नौकरानी के आने पर मम्मी को पता चला था और वह आ गई थीं।

थर्मामीटर लगाने से पता चला, राजू को तेज़ बुखार था। जब वह मम्मी की गोद में सिर रखकर फूट-फूटकर रो रहे थे और मम्मी प्यार से उनका सिर सहला रही थीं, उसी समय डॉक्टर आ गया था।

सुनील जीजाजी शायद मम्मी के कहने पर डॉक्टर को लाए थे, और मुझे फीस भी नहीं देने दी थी। डॉक्टर को वापस छोड़कर फिर वही दवाएँ भी लेते आए थे। उस समय मम्मी चली गई थीं इसलिए मेरे ज़ोर देने पर उन्होंने पैसे ले लिये थे।

दिन के दस बजे के बाद राजू को चुप्पी लग गई थी और वह कम्बल में मुँह ढाँके बिलकुल चुपचाप पड़े थे। मेरे हाथों उन्होंने दवा भी नहीं ली थी और न ही कुछ खाया-पिया था। फिर मम्मी ही उनके लिए बाज़ार से सेब लेकर आई थीं, उन्हें काटा और राजू को अपने हाथों फाँक-फाँक खिलाती रही थीं।

अंशुल पहले तो दूर से राजू को बिस्तर पर लेटा देखता रहा था, 'डैडी मारता,' जब मैंने उससे कहा था कि बेटा, डैडी की तबीयत का पूछो तो उसने जवाब दिया था। राजू की पिछली रातवाली मार शायद वह नहीं भूल पाया था। फिर थोड़ी देर बाद वह उसके पास जाकर खड़ा हो गया था और दादी के कहने पर राजू के हाथ-पैर भी दाबने लगा था।

इस पर राजू ने अपने पैर झटककर अलग कर लिये थे।

'तुम उधर ही चलो,' शाम के समय रसोई में मैंने मम्मी की आवाज़ सुनी थी—'हम इधर तो रह नहीं सकते, तुम भी उधर उषा की तरफ़ ही चलो...' वह राजू से कह रही थीं। 'यहाँ तो न कोई मरे का, न जिए का, दवा भी तुम्हें कौन पिलाएगा?'

मेरे काम करते हाथ एकदम सुन्न हो गए थे। जवाब में राजू ने क्या कहा, मैं बहुत कान लगाने पर भी नहीं सुन पाई थी। बस, उनकी बड़बड़ाती-सी आवाज़ मेरे कानों तक आई और फिर मम्मी उठकर चली गई थीं।

'अगर चाहो तो आ जाना, नहीं तो फिर-फिर हम ही आएँगे! औलाद तो तुम हमारी हो न, थोड़ा अपमान और सही,' चलते-चलते उनके कहे हुए वाक्य थे।

उस रात फिर राजू ने मेरे हाथ से दवा पी ली थी और अंशुल को अपने पेट पर

बिठाकर उसके साथ खेलते रहे थे। मुझसे कोई बात नहीं की थी। उस समय तक उनका बुखार उतर चुका था और कंम्बल फेंककर वह घर में घूमने-फिरने भी लगे थे। लेकिन न मैंने उनसे कोई बात पूछी, न उन्होंने जवाब दिया था।

'सुनो राजू,' जब ड्राइंगरूम में अँधेरा करके वह वहीं सोने लगे तो मैंने कहा था। एक पल को अँधेरा ही रहा था, फिर उन्होंने बिना कोई जवाब दिए लाइट्स ऑन कर दी थीं। 'मैं पूना जाना चाहती हूँ,' मैंने कहा था।

थोड़ी देर चुप्पी रही थी।

'कल ही,' मैंने अपनी आवाज़ ऊँची करते हुए कहा था—'मैं और अंशुल।'

राजू का पूरी ताक़त से उठा हाथ मेरे मुँह पर पड़ा था। पहला, फिर दूसरा, फिर तीसरा। वह पूरी ताक़त से मार रहे थे और उनके मुँह से गालियाँ-ही-गालियाँ निकल रही थीं। उन्होंने गिरेबान में हाथ डालकर मेरा ब्लाउज़ फाड़ डाला था और लात मारकर दीवान के पास बिछी टेबल को गिरा दिया था। टेबल पर रखी दवा की शीशियाँ और दूसरा सामान आवाज़ें करता हुआ गिरा था और अन्दर बेडरूम में सो रहा अंशुल जाग गया था। उधर अंशुल रो रहा था, इधर राजू चिल्ला रहे थे।

'पति और यार में कुछ अन्तर होता है, कमीनी! तू क्या समझती है, इतनी आसानी से छुटकारा मिल जाएगा? तुझ जैसी तो मैं दसियों ख़रीदकर रख सकता था। मुझे इस तरह मिटा के...,' एकदम पागलों की तरह वह फिर से टूट पड़े थे।

मुझे अपने कपड़े फटने-चिरने की आवाज़ें आती रहीं और मैंने भी हाथ डालकर उनका गिरेबान फाड़ डाला था।

उनका माथा मेरे होंठों से टकराया था और मेरा होंठ फट गया था, ख़ून बहने लगा था। हम दोनों लड़ते रहे थे, और फिर...

मैंने राजू को बाँहों में कसकर भींच लिया था। मेरी उँगलियाँ उनकी पीठ को सहलाने लगी थीं, उनकी साँसें मुझे अपने में घुलती लगी थीं...उनकी जीभ में सिगरेटों की मीठी कड़वाहट और शरीर से आती पसीने की हलकी-सी महक—राजू के पसीने की...आकाश में तैरता चाँद...नदी में चलता शिकारा...फूल...हवा में डोलते बादल...चहचहाते पक्षी...बचपन से लेकर आज तक जो कुछ मैंने दिल से चाहा था, जो कुछ माँगा था, सब एक-दूसरे में घुल-मिलकर मेरे सामने आ गए थे। मेरा शरीर किसी धनुष के समान हो गया था। आसपास का सब पानी की तरह था और मैं उसमें डूबी जा रही थी। मैं और राजू किसी गहरी अँधेरी गुफा में पहुँच गए थे—ऐसी गुफा, जिसकी तलाश हम दोनों को थी...जिसके दहाने पर ही हम एक-दूसरे से मिले थे...जिसमें हम दोनों में से कोई भी अकेला नहीं जा सकता था। जाने कितने समय भटकने के बाद हमें यह गुफा मिली थी। हम दोनों साथ थे और हमारे साथ था इस गुफा को अन्दर से देखने और जानने का जुनून—जाने अन्दर क्या कुछ

था ? अँधेरा, सीलन, काई, अज़दहे, साँप... ? पता नहीं ! हम दोनों साथ-साथ बढ़े जा रहे थे क्योंकि वापसी का रास्ता गुफा के धँस जाने से बन्द हो गया था और हम सिर्फ़ आगे की ओर ही बढ़ सकते थे। यह गुफा कहीं आगे भी धँसकर बन्द हुई मिल सकती थी...क्या पता ! सिर्फ़ इस उम्मीद पर कि ऐसा न होगा...हम यहाँ से बचकर बाहर निकल पाएँगे...गुफ़ा को देखकर, जानकर बाहर...हम बढ़े जा रहे थे, बढ़े जा रहे थे।

राजू थककर दीवान पर ही गिर गए थे। अंशुल रोते-रोते चुप हो चुका था।

छह

घर में एक ख़ास तरह की स्थिति पैदा हो गई थी। जो कुछ हुआ था या जो कुछ हो रहा था, वह राजू के अस्तित्व पर एक काली गहरी परछाईं की तरह डोलता रहता—अँधेरी परछाईं, जो जगह-जगह से टूटी हुई हो, जिसमें रोशनी के धब्बे हों और जिन धब्बों में रह-रहकर अँधेरे के पीछे छुपी हुई चीज़ें नज़र आ जाती हों। फिर न जाने कितने दूसरे साए भी देखते-ही-देखते उनके आसपास घिर आए थे। साए सब ज्यों-के-त्यों उन पर मँडराते रहते—बस, कभी कोई ज़्यादा गहरा हो जाता, कभी कोई।

उस रात के बाद से कार वहीं खड़ी रही, जहाँ रिज़्वी उसे छोड़कर गया था। धीरे-धीरे उसके एक पिछले टायर की हवा निकल गई और पूरी बॉडी पर धूल की तहें जम गईं। उसे किसी ने छुआ तक नहीं था। फिर एक दिन राजू किसी कबाड़ी को लेकर आए थे। मैं ड्राइंगरूम की खिड़की से छुपकर देखती रही।

'कितने दोगे?' राजू ने पूछा था। वह अपना दाँत तिनके से कुरेद रहे थे और उनका बायाँ पैर हिल रहा था।

कबाड़ी ने कुछ पैसे बताए थे, लेकर आया था, राजू को दिये थे और कार का पहिया बदलकर स्टार्ट करके ले गया था।

इस बीच उन्होंने न कभी रिज़्वी का ज़िक्र निकाला, न उस रात को लेकर कोई बात की।

इधर अब घर में रोज़ का ख़र्चा भी पहाड़ होने लगा था। बैंक एकाउंट तो कब का ख़त्म हो ही चुका था, अब घर में बेचने के लिए भी ज़्यादा कुछ नहीं था। कुछ ही दिनों में हमारे घर में रखा हुआ टेलीफ़ोन अजीब लगने लगा। घर की नौकरानी, धोबी, रोज़ की सब्ज़ी-तरकारी तक की मुश्किल होने लगी थी। घर के पासवाले बनिए के यहाँ से कुछ दिनों तक तो खाना पकाने का सामान उधार ही आता रहा, फिर उसने भी हर चीज़ पर 'ख़तम हो गई' कहलाना शुरू कर दिया था। राजू ने क्योंकि अब घर से निकलना बिलकुल ही बन्द कर दिया था, इसलिए सब बातें चाहे-अनचाहे उनके कानों में भी पड़ती रहतीं।

राजू हर रोज़ सबेरे नहाते, सफ़ेद मलमल का कुर्ता और लट्ठे का पाजामा पहनते, अगरबत्तियाँ जलाते और लक्ष्मीजी की मूर्ति के सामने सिर झुकाकर बैठ जाते।

'बहुत बेक़दरी की है यार,' वह कहने लगे थे—'पैसा लुटाने के लिए नहीं होता। जो खोता है, वही जानता है।'

उन्होंने भी मजबूर होकर अपने खर्चे कम करने की कोशिश की थी। उनकी सिगरेट का ब्रांड बदल गया था और वह अब सस्ती सिगरेट पीने लगे थे। घर में चाय भी अब कम ही बनने लगी थी। फिर कहीं से उन्हें शतरंज का चस्का लग गया था। रहमत दादा करके कोई बड़े मियाँ थे, जो रोज़ घर पर आ धमकते और उनके साथ दिनभर राजू शतरंज की बिसात बिछाए बैठे रहते। अगर कोई राजू को पूछता घर पर आता तो वह कहला देते, नहीं हैं, लेकिन रहमत दादा की वह ख़ुद ही प्रतीक्षा में बैठे रहते। मम्मी की दुकानों में एक चाय की दुकान थी। वहीं से तार के छींके में चाय के गिलास आते रहते और काग़ज़ के गन्दे टुकड़ों में लिपटे पान के बीड़े। रहमत दादा उर्दू के शेर सुनाते और राजू 'वाह-वाह' करते, सुबह से शाम कर देते।

'तुम समझती नहीं हो,' वह मुझसे कहते—'ये रहमत दादा कितना बड़ा आदमी था। पहले इसकी देवड़ी पर हाथी झूमते थे, और आज,' कहते हुए कभी-कभी राजू की आँखों में आँसू तक भर आते—'आज मुक़द्दर के हाथों इस गत को पहुँचा है कि सिर छुपाने को झोंपड़ा नसीब नहीं। और शायरी? साले को दीवान के दीवान रटे पड़े हैं।'

दिनभर राजू रहमत दादा के साथ बैठे रहते और बीच-बीच में शतरंज छोड़कर अन्दर आ-आकर झाँक जाते।

इधर मम्मी और हमारे घर के बीच लगातार बारूद बिछती रही थी। मम्मी और दीदी ने अब हमारी ओर आना बिलकुल ही बन्द कर दिया था। सिर्फ राजू ही कभी-कभी उनकी ओर हो आते थे।

'बाई,' उस दिन घर की नौकरानी काम करते-करते बोली थी—'सबको आपके बारे में पता नहीं कौन बताता रहता है। आज यह जो सामने सरदार जी रहते हैं, उनकी माई पता नहीं आपको क्या-क्या कह रही थीं।'

'क्या कह रही थीं?' मैंने अपनी आवाज़ से ग़ुस्सा न छलकने देने का प्रयत्न किया था। पूछने के पीछे, वैसे कुछ जानने की उत्सुकता से अधिक ग़ुस्सा ही था।

'कह रही थीं,' नौकरानी की आवाज़ एकदम कानाफूसी वाली हो गई थी और

वह हाथ का काम छोड़कर मेरे पास आ गई थी—'कि आपने साब पर टोना किया हुआ है—बाईजी (राजू की मम्मी) से उनका मन बिगाड़ने को। इसी से साब को कुछ असर भी हो गया है जो वह कहीं जाते-आते नहीं, बस आपसे ही लगे बैठे रहते हैं।'

मैं सुनती तो सब कुछ रही थी लेकिन ग़ुस्से से आप ही आप मेरा सारा बदन जलने लगा था। और कहनेवाले को भी मैं अच्छी तरह समझ गई थी! सरदारजी की तरफ़ मम्मी का ही बहुत आना-जाना था। यह सब बातें उन्हीं से वहाँ तक पहुँच सकती थीं।

'और...' नौकरानी ने अपना मुँह मेरे कान के बिलकुल पास लाते हुए कहा था, 'यह कि साब का दीवाला निकलनेवाला है।'

कम-से-कम एक बात तो कहने वाले ने सच कही थी। बस, इसी तरह की बातें मम्मी अब लोगों के सामने करती रहती थीं।

मेरा अधिक समय अंशुल और किताबों के सहारे ही बीतने लगा था। कहीं भी आना-जाना लगभग बन्द हो गया था और दिन-रात रसोई से बेडरूम तक सीमित हो गए थे। यह अच्छा हुआ कि घर में बहुत-सी किताबें थीं, जिनको पढ़ने में मेरा समय बीत जाता था। घर में किताबें थीं इसलिए कि एक समय राजू को किताबें पढ़ने और ख़रीदने का भी शौक़ हुआ था।

हमारे विवाह के कुछ ही दिन बाद की बात थी जब चीफ़-इंजीनियर माथुर साहब ने हम लोगों को खाने पर बुलाया था। राजू के पिता से ख़ास सम्बन्ध होने के कारण वह उनका विशेष ख़याल रखते थे। खाना खाने से पहले माथुर साहब और उनकी पत्नी हमें उनके स्टडी-रूम में लेकर गए थे। बहुत ही अच्छी तरह से जमाई गई किताबें और साफ़-सुथरा क़ायदे का कमरा। चारों ओर बुक-शेल्फ ही बुक-शेल्फ थे।

'बस, यार, वैसी ही एक लाइब्रेरी चाहिए!' माथुर साहब के यहाँ से वापसी पर रास्ते में ही राजू ने कहा था—'चारों तरफ़ किताबें-ही-किताबें हों, फ्लोर पर एक फ़ुट मोटा सुर्ख़ कार्पेट, थिक-हैवी कर्टेन्स, एक बहुत बड़ी-सी महूगनी की हैवी-राइटिंग टेबल, ब्लैक—एकदम ब्लैक, टेपिस्ट्री की ही रिवॉल्विंग चेयर—ऐसी कि उस पर बैठकर कुछ पढ़ने-लिखने को दिल चाहे और साथ ही में वह होती है न—लम्बी-सी स्ट्रेचिंग-चेयर, ख़ूब मोटे-मोटे कुशंस की...आराम से पैर फैलाकर लेटकर पढ़ने को। और साथ में एक भारी-सा बहुत क़ीमती पेडेस्टल लैम्प—बहुत बड़ा-सा, जिसे मूव करके कमरे में कहीं भी ले जाया जा सके...,' फिर उन्होंने कार के विंडस्क्रीन से नज़रें उठाकर मेरी ओर देखते हुए कहा था—'लो! मैं सबसे ज़रूरी चीज़ तो भूला ही जा रहा था...एक बहुत-बहुत चौड़ी, बहुत-बहुत नर्म, बहुत बड़ी-सी मसहरी!...क्यों?'

बहरहाल...अगले दिन से राजू ने किताबें ख़रीदना शुरू कर दिया था।

'यार, मैं कितना पढ़ना चाहता था,' वह नई ख़रीदी किताबों के ढेर की ओर थकी-थकी नज़रों से देखते हुए कहते—'बाप रे, मैं मर जाऊँगा तो काम-काज का क्या होगा? दिल के दौरे के दो झटके सह चुका हूँ, तीसरे में नहीं बचूँगा! सब चौपट कर दिया,' राजू अपने पिता को याद करते।

लाइब्रेरी पूरी तरह से बनाने या किताबें पढ़ने की फ़ुर्सत राजू को कभी नहीं मिल पाई थी। सिर्फ़ कमरे की दीवारों पर पेंट हुआ था और उसी रंग के पर्दे आज भी कमरे में लटक रहे थे। किताबें मेरे हिस्से में आई थीं। जब राजू रहमत दादा के साथ शतरंज और शेर-ओ-शायरी में डूबे रहते, तो मैं पढ़ती रहती।

समय के साथ-साथ राजू पर मँडराते साए गहरे होते गए थे। धीरे-धीरे उन सायों के बीच वह एक दूसरे ही आदमी लगने लगे थे।

'ऐसे कितने दिन तक चलेगा?' उनको घर में ही बन्द देखते-देखते एक दिन मैंने पूछा था। उस समय राजू बिस्तर पर लेटे कोई पुरानी मैगज़ीन पढ़ रहे थे।

'क्या?' उन्होंने बैठकर मैगज़ीन सामने की टेबल पर डालते हुए पूछा था, जैसे मेरी बात समझ न पाए हों।

'घर में आटा-दाल तक नहीं है,' मैंने अपनी बात दोहराते हुए आगे कहा—'नौकरानी को दो महीने से पैसे नहीं दिये हैं, कपड़े सारे घर में धुल रहे हैं, क्योंकि धोबी को पिछले पैसे नहीं मिले। इस महीने दूधवाले को भी देना मुश्किल हो रहा है। आख़िर ऐसा कब तक चलेगा? क्या आपके इस तरह घर में बन्द हो जाने से कुछ होने की आशा है? कोई हल निकलता दिखता है?'

राजू मसहरी पर चुप बैठे अपने पैर तेज़ी से हिलाते रहे थे।

'फिर मैं क्या करूँ?' कुछ देर की चुप्पी के बाद उन्होंने तेज़ स्वर में कहा था—'तुम क्या समझती हो, मैं ख़ुद बहुत आराम से हूँ? घर में इस तरह बन्द होकर बैठने से मुझे कुछ सुख मिलता है? तुम्हारा क्या जाएगा, लोग हथकड़ियाँ तो मेरे लगाएँगे, जेल तो मुझे जाना पड़ेगा! लोगों के पैर पकड़कर ख़ुशामद तो मुझे करनी पड़ेगी! तुम क्या चाहती हो, बताओ?'

'इसका मतलब है, आपके घर में बन्द रहने और हमारे भूखे मरने से यह सब कुछ नहीं होगा?' मेरी आवाज़ भी ऊँची हो गई थी।

'यह सब तुम्हारी वजह से है!' उनकी आवाज़ ग़ुस्से में और ऊँची हो गई थी—'सिर्फ़ तुम्हारी वजह से! लाखों बार समझाया, हाथ जोड़-जोड़कर बताया कि बाबा, ज़रा मम्मी का ख़ास ख़याल रखा करो, उनकी दो बातें सुनकर भी चुप रह जाया करो, मत जवाब दिया करो। चलो, वह तो बुढ़िया हैं, सठिया गई हैं, पागल हो गई हैं, तुम तो समझदार हो! आज अगर उन्होंने हाथ नहीं खींचे होते तो यह दिन देखना नहीं नसीब होता। सिर्फ़ तुम्हारी ही वजह से है। मैं आज अकेला हो जाऊँ तो मज़ाल

है जो वह मुझे इस हालत में देख लें! मुझसे भी छुप-छुपाकर उन्होंने जाने कितना जमा किया होगा। और मुझसे ख़ुद कह भी चुकी हैं कि सब कुछ तुम्हारा है, लेकिन जो थोड़ा-सा बच गया है, उसे भी हम अपनी आँखों के सामने मिटते नहीं देख सकते। तुम जैसी देवी के होते कुछ नहीं बच सकता।' राजू के स्वर में, कहते हुए एक प्रकार का गर्व-सा झलका था।

'तो फिर ठीक है, मैं चली जाती हूँ,' मैं उठकर खड़ी हो गई थी।

'कहाँ?' राजू एक पल को सकपकाए थे।

'पूना—अपने घर,' मैंने फ़ैसले के अन्दाज़ में कहा था।

उसी शाम उषा दीदी के यहाँ बहुत-से मेहमान आए थे। गुड्डू की वर्षगाँठ मनाई जा रही थी। मैंने अंशुल को कपड़े बदलाकर तैयार कर दिया था और राजू उसे लेकर चले गए थे। पूरे घर में मैं अकेली रह गई थी।

दूसरी तरफ़ से मेहमानों की चहल-पहल, हँसने-बोलने की आवाज़ आती रही और मैं सोचती रही थी—उस दिन के बारे में—कार वाली घटना के कोई पन्द्रह दिन बाद वाले दिन के बारे में...

उन बीते पन्द्रह दिनों में हर दिन यह लगा था, जैसे वह रात रोज़ पुरानी होती जा रही है और थोड़े दिनों में सब कुछ कहीं दिमाग़ के उन ख़ानों में रखा जाएगा जहाँ बेमतलब बातें जमा होती रहती हैं, और बहुत समय बीतने के बाद कभी-कभार परेशान करती हैं। फिर राजू के लिए फ़िलहाल दूसरी भी कितनी ही उलझनें थीं।

राजू के क़रीबी दोस्त नारायण ने इस बीच कई बार राजू को समझाया था और अन्त में राजू इस बात पर तैयार हो गए कि नारायण मार्केटवालों से बातें करे। जिसका जितना निकलता था, राजू को देने से इनकार नहीं था, लेकिन अभी उनके पास कुछ नहीं था।

'नहीं तो नीलाम भी करेंगे तो क्या होगा?' उन्होंने नारायण से कहा था—'हमारे पास है क्या? जेल भी भिजवा देंगे तो उससे उनका पैसा तो मिलने से रहा! थोड़े दिन चुप बैठ जाएँगे तो हो भी सकता है, कहीं से कुछ बात बन जाए और...' उन्होंने एकदम दोनों हाथ उठाते हुए कहा था—'बता देना, यह घर जिसमें हम रह रहे हैं, मम्मी के नाम है। इसे नीलाम करा देने के ख़्वाब में न रहें।'

'कार बेचकर कुछ पैसा क्यों नहीं उगाहते? कम-से-कम जो काम अधूरे पड़े हैं, जहाँ जमानती पैसा अटका हुआ है, उन्हें ही पूरा करो। गाड़ी चले तो।' नारायण ने समझाते-से स्वर में कहा था।

तब तक कार कबाड़ी नहीं ले गया था।

'तुम सुनो तो यार!' राजू एकदम झल्ला गए थे—'जो कह रहे हैं, वह कर दो। अब कुछ नहीं करना हमें, तबीयत ही हट गई। कोई दूसरा काम देखेंगे।'

नारायण के चले जान के बाद राजू देर तक चुपचाप बैठे रहे। माचिस की तीली से कान कुरेदते ठंडी साँसें लेते रहे, फिर कुछ पुरानी फाइलें निकालकर उनको उलट-पलट करते रहे। रात तक उनकी-मेरी कोई बात नहीं हुई थी।

'तुम भी सोचती होगी, कहाँ आ फँसी!' रात को उन्होंने मेरे पास बैठते हुए कहा था—'सपने में भी नहीं सोचा होगा कि यह सब हो जाएगा।'

वह देर तक दोनों हाथों में सिर दिये बैठे रहे थे। मैं चुप रही थी। उनको देर तक गुमसुम देखकर लगा, जैसे वह किसी दुविधा में पड़े हों! फिर उन्होंने कबर्ड खोलकर व्हिस्की की बोतल निकाली थी जिसकी तह में थोड़ी-सी बची हुई थी।

'पियोगी?' उन्होंने पूछा था। मेरे इनकार पर बोतल मुँह से लगाकर वह दो घूँट वैसे ही चढ़ा गए थे। बड़ी मुश्किल से उन्होंने उबकाई को रोका था और फिर वहीं पलंग पर बैठकर देर तक खाँसते रहे थे। 'बहुत तेज़ है,' हँसने की कोशिश करते हुए उन्होंने बोतल की ओर इशारा करके कहा था। फिर वह लपककर गिलास और पानी का जग उठा लाए थे और व्हिस्की में बहुत-सा पानी मिलाकर एक घूँट लिया था। 'अब ठीक है,' कहते हुए भी उनका मुँह बन गया था और फुरेरी आ गई थी।

राजू शराब बहुत कम पीते थे, वह भी कभी-कभी। ज़्यादा शराब तो वह कभी भी पी ही नहीं पाते थे। थोड़ी-सी पीकर भी उनके हाथ-पाँव और फिर दिमाग़ बेक़ाबू हो जाता था। मैंने उन्हें कभी-कभार शौक़िया ही पीते देखा था।

'अरे यार, हटाओ, दिन-रात किन चक्करों में दिमाग़ उलझा हुआ है,' उन्होंने हाथ का गिलास रखते हुए कहा था—'यार, माफ़ कर देना, मैं तो बिलकुल निकम्मा और बरबाद हो गया हूँ। क्या-क्या प्लान थे! तुम्हारे लिए क्या-क्या सोचा था! सोचा था, हम दोनों सारी दुनिया का चक्कर लगाएँगे—लन्दन, पेरिस, न्यूयॉर्क—सब जगह साथ घूमेंगे। तालाब के किनारे जो बिलकुल अकेली पहाड़ी है, उसको ख़रीदकर वहाँ रहने के लिए मकान बनेगा और उसके आसपास दूर-दूर तक फैला हुआ बाग़। फिर शाम को सूरज डूबा करेगा और हम सब-तुम, मैं और हमारे बहुत सारे बच्चे वहाँ दरख़्तों के झुंड में खड़े होकर डूबते सूरज को पानी में घुलकर रंगों में बदलता देखा करेंगे। हमारे क़दमों के नीचे डेढ़-डेढ़ इंच दूब की ही लॉन होगी और चारों तरफ़ धीमे-धीमे बहती हवा। हम लोगों से थोड़ी दूर पर अँधेरे में खड़ी बच्चों की मामा इन्तज़ार कर रही होगी। सूरज डूब जाएगा, मामा बच्चों को लेकर उनके कमरों की ओर चली जाएगी और हम लॉन पर पड़ी आराम-कुर्सियों में फैल जाएँगे। फिर सफ़ेद कपड़े पहने, ट्राली धकेलता हमारा कुक-कम-बारमैन आएगा। 'नाइट'—हम, उसे 'नाइट' कहा करेंगे। उसका नाम कुछ भी हो, हमारे यहाँ वह

'नाइट' कहलाएगा। जंगें लड़ा हुआ, बहादुर, पका हुआ आदमी—'नाइट,' राजू कहे जा रहे थे और अपनी आवाज़ में बहे जा रहे थे।

उन्होंने बची हुई शराब में पानी मिलाकर एक बड़ा-सा घूँट लिया था, फिर दूसरा। गिलास ख़ाली करके एकदम वह मेरे सीने से आ लगे थे। इस समय उनकी आँखों में आँसू झिलमिला रहे थे।

'मुझे माफ़ कर दो,' वह कह रहे थे। मैंने तुमको बहुत दुख दिये हैं। मुझे सब नज़र आता है, सब देख रहा हूँ। तुम्हारा शरीर देखो, क्या से क्या हो गया! तुम पहले क्या थीं, अब क्या हो गईं। और सब कुछ मेरी वजह से हुआ है। माफ़ कर दो यार—नहीं, कह दो कि माफ़ कर दिया! तुम नहीं समझतीं, बिना तुम्हारे ज़िन्दगी का न पहले कुछ अर्थ था, न अब है। तुम समझ रही हो, मेरी बात? पहले जैसे एक बाग़ था जिसमें फूल नहीं थे और अब?' उन्होंने कड़वी-सी हँसी के साथ कहा था—'अब फूल खिले तो साला बाग़ ही नहीं रहा। कह दो कि तुमने माफ़ कर दिया!'

फिर उन्होंने मेरा सिर तकिए पर रख दिया था और आगे बढ़कर लाइट ऑन कर दी थी। मैंने चाहा, ऊपर चादर खींच लूँ, तो उन्होंने आगे बढ़कर मेरे हाथ थाम लिये थे। 'ऐसे ही लेटी रहो, बिलकुल ऐसे ही लेटी रहो,' वह धीरे-धीरे मेरे पाँव दाबने लगे थे। 'नहीं, हाथ जहाँ रुका है, वहीं रहने दो, नहीं तो सब चौपट हो जाएगा!' उन्होंने कहा था।

वह मेरे पैर दाबते रहे थे, मेरी बाँहें, मेरे शरीर के पोर-पोर को सहलाते रहे और मैं उनकी आँखों में खोई रही थी। उनकी आँखों में आया यह भाव अलग था। अभी तक कभी भी मैंने उनकी आँखों में यह ख़ुशी और शान्ति नहीं देखी थी—कहीं बहुत गहराई तक केवल ख़ुशी।

फिर राजू मेरी छातियों के बीच सिर रखकर कहीं खो गए थे। थोड़ी देर तक सब चुप और ठहरा रहा था।

'राजू!' मुझे अपनी आवाज़ भी कहीं दूर से आती लगी थी। कहीं दूर पहाड़ों में गूँजकर वापस आती। 'रुको राजू, अंशु जाग जाएगा।'

'जाग जाने दो,' उनकी आवाज़ में ठहराव था। 'सारी दुनिया को जाग जाने दो। शहर की सबसे ऊँची मीनार पर चलो, अंशु क्या देखेगा? यही न कि उसकी माँ और उसका बाप...देखने दो। माँ और बाप ही तो हैं, कोई और तो...'

कभी-कभी शायद हर के साथ ऐसा होता है। शब्द विचारों से आगे निकल जाते हैं, और फिर उनको कोई नया अर्थ देने के असफल प्रयास में हम ख़ुद को लहूलुहान कर लेते हैं।

राजू का शरीर एक पल को निर्जीव हुआ और फिर जब दोबारा उसमें जान आई थी तो वह एक दूसरा राजू था। वह मैं थी, राजू थे—स्त्री-पुरुष। यहाँ से एक दूसरी

ही रात शुरू हो गई थी—वैसी, जो अभी तक हमारे जीवन को जगह-जगह टेके देती रही थी। जब भी लगता था, जीवन में कहीं कुछ झोल आता जा रहा है या सब कुछ बेमतलब होता जा रहा है, ऐसी कोई एक रात आनेवाले कई दिनों में अर्थ ढूँढ़ने की शक्ति दे जाती थी। सब कुछ फिर से नया हो जाता था और लगता था, आगे भी कुछ है। रात का यह भाग उन रातों का था जो न केवल शरीर के रगों-रेशे से लिपटी बेचैनी और पेशियों में ख़ून के साथ घुलकर दौड़ते पारे को एक झटके में नीचे ले आती हैं, बल्कि बीते दिनों की एक-एक घटना को भी नया अर्थ दे जाती हैं। लेकिन बात यहीं नहीं रुकी थी। थोड़ी देर हम एक-दूसरे के लिए केवल स्त्री-पुरुष रहे, दो शरीर मात्र, फिर राजू मुझे वहीं छोड़ किसी दूसरी दिशा में निकल गए थे। उनकी सारी कोमलता एक-एक बीतते पल के साथ बर्बरता में बदलती गई थी। उनके शरीर में खिंचाव आ गया था और हाथ-पैरों में मसल डालने वाली शक्ति। वह एकदम अजनबी हो गए थे। लगा था, वह मुझे चीर-फाड़ देना चाहते हों। अपने हाथों, अपने शरीर से टुकड़े-टुकड़े कर देना चाहते हों। 'राजू!' मैं चिल्लाई थी। उनके दाँत मुझे अपनी छातियों के अन्दर तक उतरते लगे थे। मैं फिर चिल्लाई थी—लगा था, मेरा सारा अस्तित्व फड़फड़ाकर हलक में आ अटका हो। राजू ने कुछ नहीं सुना था। मैं फूट-फूटकर रोने लगी थी और मेरी हिचकियाँ लगातार ऊँची आवाज़ में निकल रही थीं। राजू पर कोई असर नहीं हुआ था। वह उसी तरह मुझे तोड़-मरोड़ रहे थे। मेरा सिर जाने कब तकिए से हटकर मसहरी की पट्टी पर आ गया था। 'मैं मर जाऊँगी!...' मैंने पूरी ताक़त से चिल्लाकर कहा था। उनकी सुनने या देखने की क्षमता जैसे ख़तम हो गई थी और सारी शक्ति शरीर में आ गई थी। फिर एक बार मेरा सिर ज़ोर से मसहरी की पट्टी से टकराया था और मैं...

मुझे होश आया तो कमरे में लाइट उसी तरह जल रही थी, मेरा सिर उसी तरह मसहरी की पट्टी से नीचे लटक रहा था, लैम्प का पूरा फोकस मेरे नग्न शरीर पर था, और राजू... ? राजू ने अपने शरीर को चादर से ढक लिया था और कमरे के कोने में फर्श पर दीवार से टिके बैठे थे। उनके मुँह में अधजला सिगरेट दबा था और आँखें मेरे शरीर पर थीं। और उन आँखों का भाव ? मैंने उन आँखों में इतनी शान्ति, इतना सुख कम देखा था।

होश में आते ही मैं फिर बुरी तरह रोने लगी थी और जाने कितनी देर तक रोती रही थी। किसी तरह अपने को खींचकर मैंने अंशुल के बाजू में डाला था और अपना सिर उसके पैरों पर रखकर घंटों आँसू बहाती रही थी। लग रहा था, जैसे मेरा शरीर मनों मलबे के नीचे दबा रहा हो और मेरी हड्डियाँ चूर-चूर हो गई हों!

राजू उसी कोने में फर्श पर थोड़ी ही देर बाद पसरकर सो गए थे और कुछ ही क्षणों में उनके हलके-हलके खर्राटे सुनाई देने लगे थे...

जब उषा दीदी के यहाँ से राजू लौटे थे तो अंशुल सो चुका था। वह उसे गोद में उठाकर लाए थे।

'यार, अच्छी-ख़ासी तुम भी चली चलतीं,' उन्होंने अंशुल को लिटाते हुए कहा था—'अब तुम तो...' खिसियानी मुसकान के साथ उन्होंने मेरी ओर देखा था और वाक्य अधूरा ही छोड़ दिया था।

उसी रात सोने से पहले...

'सुनो, तुम पूना का कह रही थीं न... ?'

'जी,' मैंने अपनी थकी आवाज़ में कहा था, 'आप चिन्ता न करें, मैं जल्दी चली जाऊँगी।'

'लो! यह हुआ हमारी बात का मतलब! यह समझीं आप! अरे यार, तुमसे तो कुछ बात करनी भी मुश्किल है।' उनके स्वर की सहजता वैसी ही बनी रही थी।

'नहीं!' मैंने करवट बदलते हुए कहा था, 'फिर आप रहिएगा, मम्मी के साथ। आपकी सारी मुश्किलें दूर हो जाएँगी। और शायद मेरी भी।'

राजू थोड़ी देर को चुप रहे थे।

'अब यार,' उन्होंने विनती के स्वर में कहना शुरू किया था, 'अब तुम भी नहीं समझोगी तो कौन समझेगा? अब दिमाग़ ही तो है, और इतनी सारी परेशानियाँ हैं। तुम जानती हो, कभी-कभी मुँह से ग़लत-सलत निकल जाता है। भैया, माफ़ कर दो यार, मेरा दिमाग़, आजकल ठीक थोड़े ही है। पता नहीं, क्या-क्या ख़याल आते रहते हैं। तुम क्या समझती हो, मुझे एहसास नहीं है कि मैंने तुम्हें कितनी तकलीफ़ पहुँचाई है? समझो यार--सब वक़्त की बात है। मेरी ज़िन्दगी में तुम दोनों के अलावा है कौन? मम्मी! उन्होंने तो अपनी चैन से गुज़ार ली, अब उन्हें हमारी परवा नहीं तो हम उनकी क्यों करें? लेकिन यक़ीन रखो, बिलकुल यक़ीन रखो—तुम्हारे, और सिर्फ़ तुम्हारे लिए, मैं एक बार फिर से वह सब चीज़ें हासिल करके रहूँगा, जो हमसे छिन गई हैं—सब साली, तुम्हारे क़दमों में ला डालूँगा। थोड़े दिन की बात है...'

मैं चुप रही थी।

'क्यों, यक़ीन नहीं आता?' उन्होंने खीजी-सी आवाज़ में कहा था। 'मैं तुम्हारे लिए क्या नहीं कर सकता? क्या नहीं कर सकता?'

'उस बुढ़िया के यहाँ जाना बन्द नहीं कर सकते!' आप ही आप मेरे मुँह से निकल गया था।

'बस, यही चाहती हो न?' उन्होंने पूरे विश्वास से मेरी ओर देखते हुए कहा था—'ठीक है, मैं क़सम खाता हूँ जो आज के बाद उनकी तरफ़ भूलकर भी जाऊँ। उनकी तरफ़ देखूँ या उनसे बात तक करूँ। तुम्हारी क़सम खाता हूँ। तुम्हें यों अच्छा लगता है तो यों ही सही।'

'तुम पूना का पूछ रहे थे,' थोड़ी देर बाद मैंने प्रसंग उठाया था।

'हाँ यार, पूना! ऐसा करें, हम साथ ही चलते हैं। बाहर जाना मेरे लिए भी अच्छा ही रहेगा। शायद सकून से वहीं कोई बात समझ में आ जाए। कुछ दिन रहकर आ जाएँगे। क्यों, ठीक है न?'

सात

राजू पूना चलने को कह तो गए थे, लेकिन अगले दिन फिर से उसी बेचैनी ने उनको घेर लिया था। उन्हें देखकर लग रहा था, उनका दिमाग़ कहीं उलझा हुआ है। सुबह से ही वह चुप और बेचैन रहे थे।

उस दिन घर में चीनी भी ख़त्म हो गई थी, इसलिए घर में चाय भी नहीं बनी थी। राजू पास के होटल पर जाकर कह आए थे और वहाँ से एक छोकरा दो गन्दे गिलासों में चाय और कुछ मीठे बिस्कुट दे गया था। चूल्हे की गैस पहले ही ख़तम हो चुकी थी, इसलिए अंशुल का दूध मैंने अँगीठी जलाकर गर्म किया था। बहुत पहले का बचा हुआ ग्लूकोज का आधा डिब्बा मेरे हाथ आ गया था और अंशुल को मैंने दूध में ग्लूकोज मिलाकर दे दिया था। घर की नौकरानी को कुछ दिन पहले मैंने ख़ुद ही जवाब दे दिया था। उस दिन राजू कहीं से कुछ पैसे लाए थे, उनमें से मैंने नौकरानी को दिये थे, और कहा था कि अंशुल बाबा अब ख़ासे बड़े हो गए हैं, मैं ख़ुद घर का काम देख लिया करूँगी।

घर के कामों में राजू भी तरह-तरह से मेरा हाथ बँटाते रहते। ज़्यादा कपड़े भी अब बाज़ार में नहीं धुलाए जा सकते थे। राजू अपने कपड़े मुझे नहीं धोने देते, बल्कि कभी-कभी मेरे और अंशुल के कपड़े भी ख़ुद ही धो डालते। बहुत जुटकर वह कपड़े धोते, उन्हें सुखाने के लिए आँगन में अलगनी पर डालते, फिर सिगरेट मुँह में दबाए घंटों उन पर लोहा फेरते रहते।

'क्या बुराई है?' वह कहते, 'अब तुम बिज़ी हो, बच्चे की देखभाल, खाना-पकाना, झाड़-पोंछ, और मुझे कुछ करने को है नहीं। कम-से-कम कुछ तुम्हारा हाथ बँट जाता है और मेरा समय बीत जाता है।'

वह इन छोटे-छोटे कामों में इतने व्यस्त हो जाते कि मुझे यक़ीन नहीं आ पाता। हर काम बहुत सुघड़ता से किया जाता। उनके धोए कपड़ों के आगे, धोबी के धोए कपड़े माँद पड़ जाते थे। जूतों की पालिश! रोज़ आधा घंटा जूतों पर पालिश के लिए था। तमाम जूतों की क़तार को झटका जाता, क्रीम-पालिश लगाई जाती, देख-रेख की जाती। जूतों की ज़िन्दगी बढ़ जाती है, वह कहते। जब रहमत मियाँ आ जाते तो

वह शतरंज पर बैठ जाते, लेकिन बीच-बीच में दौड़कर अन्दर आते रहते, मुझे देख जाते, कामों को पूछ जाते।

उस सुबह चाय-बिस्कुट के नाश्ते के थोड़ी देर बाद ही रहमत मियाँ आ धमके थे। राजू उनके आने से जैसे किसी दुविधा में फँस जाते थे। थोड़ी देर सोचते रहने के बाद उन्होंने मुझसे कहा था—'यार, कह दो, घर पर नहीं हैं।'

यह पहला मौक़ा था जब राजू ने रहमत मियाँ को 'ना' कहलवाया था। उनके चले जाने के बाद वह देर तक गुमसुम रहे थे। बेचैनी से घर में टहलते रहने के बाद उन्होंने कपड़े बदले थे और बाहर जाने लगे थे। मेरे बहुत पूछने पर उन्होंने कहा था—'यहीं, पास तक जाना है, अभी आता हूँ।'

दो-ढाई घंटे बाद जब राजू लौटे थे तो वह बेचैनी बड़ी हद तक कम हो गई थी। 'यार, पूना चलना है, तो ऐसा करो, आज शाम को बाज़ार चलते हैं, मम्मी और बच्चों के लिए कुछ ख़रीद लेंगे।'

मैं राजू की ओर देखती रह गई थी।

'यार,' उन्होंने हँसकर कहा था—'यार, अच्छा नहीं लगता, वैसे ही ख़ाली-पीली जाना। ठीक है न?'

'सुनिए, आपके पास पैसे कहाँ से आ गए?' शाम को बाज़ार जाने से पहले मैंने राजू से पूछा था।

'माँगो, मिलेगा! खटखटाओ, दरवाज़ा खुलेगा!' उन्होंने छत की तरफ़ हाथ उठाकर कहा था और ज़ोर से हँसे थे—'इतने दिन से दुआएँ कर रहा था, ऊँधा-सीधा हो रहा था, तुम क्या समझती हो, यूँ ही फालतू में? रहमत दादा के बकौल—'माँगनेवाले को दुनिया भी नई देते हैं।'

'किसी से उधार लिया है?' मैंने कुछ ठहरकर फिर से पूछा था।

'अरे आ गया यार, कहीं से, छोड़ो,' राजू ने फिर से टालना चाहा था, फिर मेरी ओर देखकर कहा था—'उधार नहीं लिये। कुछ दिन पहले नारायण फ्रिज ख़रीदने को कह रहा था। गर्मियाँ तो वैसे भी खत्म हो रही हैं, फिर हम लोग बाहर चल रहे हैं। वैसे नारायण बहुत इनकार कर रहा था, लेकिन...हम जाने से पहले ख़ुद ही फ्रिज भिजवा देंगे।'

मैंने ठंडी साँस ली थी।

अंशुल भी हमारे साथ था। मकान के अगले चौराहे से हमने टैक्सी ली और बाज़ार पहुँच गए थे। बाज़ार में राजू व्यस्त हो गए थे। इम्पोरियम से मम्मी के लिए एक ख़ूबसूरत, बड़ा-सा पानदान ख़रीदा गया था।

'मगर, घर पर पान कौन खाता है? मम्मी भी बस कभी-कभार,' मैंने कहना चाहा था।

'अरे, सब खाने लगेंगे यार,' राजू फ़ौरन बोले थे।

बाबा के लिए चाँदी की ख़िलाल, कान कुरेदनी का सेट और बच्चों के लिए कपड़े, फिर अंशुल के लिए चार-पाँच जोड़े, और फिर मेरे लिए—मुझे मजबूर कराके उन्होंने दो साड़ियाँ दिलाई थीं।

'पड़ी रहेंगी,' उन्होंने कहा था।

फिर हमने कॉफ़ी-हाउस में डोसे और साँभर खाए, कॉफ़ी पी थी।

'यार, कुछ दिल भरा नहीं,' उन्होंने कॉफ़ी-हाउस में बिल पे करते हुए कहा था—'ऐसा करते हैं, अपुन बिरला मन्दिर चलते हैं, फिर वहाँ से घर के लिए कोई टैक्सी कर लेंगे।'

मार्केट से मन्दिर तक हम लोग पैदल आए। अंशुल ने भी थोड़ा रास्ता पैदल तय किया। वह राजू की उँगली पकड़े-पकड़े चल रहा था।

'बेटा, मन्दिर में भगवान रहते हैं...बेटा भगवान से मिलेगा...बेटा, भगवान से कहना, हमारे डैडी पर कृपा करो—क्या कहेगा बेटा? हमारे डैडी के सिर से मुसीबतों का पहाड़ टालो।'

राजू रास्तेभर अंशुल को समझाते रहे।

'कहते हैं, मासूम बच्चों की दुआ भगवान फ़ौरन क़बूल करते हैं,' राजू ने भक्तिपूर्ण भाव से कहा था। उनकी आँखों में बला की श्रद्धा, बला का भय आ जाता था, ऐसे मौक़ों पर। 'शायद अंशुल की ही सुन ले भगवान,' उन्होंने फिर कहा था। उनकी आवाज़ में थोड़ा-सा कम्पन था।

सड़क के किनारे एक के बाद एक मर्करी बल्ब साधे खम्भे निकलते गए। अब अंशुल राजू की गोद में था और हम लोग आधी से अधिक घाटी चढ़ गए थे।

मार्केट से मन्दिर के बीच सिर्फ़ एक घाटी का फ़ासला है, लेकिन घाटी चढ़ते-चढ़ते ही सब कुछ बदलने लगता है। बाज़ार की रेल-पेल से निकलकर उस ओर बढ़ते हुए धीरे-धीरे ख़ामोशी साथ चलने लगती है और एक ख़ास कशिश—जिससे उकताकर या घबराकर या तो आदमी रास्ता बदल दे या खिंचता चला जाए, खिंचता चला जाए।

कभी-कभी मुझे आश्चर्य होता है कि किस तरह जगह, माहौल, ऊँचाई, वीरानी, दूर-दूर तक फैले थके हुए-से पत्थरों के सिलसिले, उफनकर मैदानों में दौड़ती नदियों के किनारे, या अपने आप में अकेली पहाड़ की चोटियों पर, मीनार बना देने या घंटे की आवाज़ गूँजने से कितना कुछ बदल जाता है। वही जगहें बिलकुल एक नया रूप धार लेती हैं, एक नए प्रकार का आकर्षण पैदा कर देती हैं। किस प्रकार इन्सान अपने बीच ख़ुद अपने से बड़ी चीज़ों का निर्माण कर लेता है, और फिर किस तरह उनकी छाया में बैठकर अपना पसीना सुखाने का जतन करता है।

अंशुल मन्दिर में दौड़ता रहा था। हम लोगों ने लक्ष्मी के चरणों में मालाएँ अर्पित

की थीं। घंटे बज रहे थे, शंख बज रहा था। राजू आँखें बन्द किए खड़े थे। मुझे एकाएक लगा, जैसे मैं बेहद थक गई हूँ।

सब तैयारी हो गई थी। एक थरमस में कूटकर बर्फ़ भरी गई, बाज़ार से संतरे, चीकू और सेब ख़रीदे गए। राजू एक नई सुराही ख़रीदकर लाए, उसका स्टैंड निकाला और पानी भरकर सुराही को बारीक मलमल के कपड़े में लपेट दिया।

'कुछ खाना साथ रख लें? अच्छा, रहने दो, वहीं स्टेशन के पास क्वालिटी से ले लेंगे। तुम कहाँ पकाती फिरोगी!'

तैयारियाँ देखकर लगा था, हम लोग महीनों के लिए पूना जा रहे हैं।

'बस, यार, ज़िन्दगी भी साली ऐसी ही होनी चाहिए,' उन्होंने ट्रेन रवाना होने पर खिड़की के पर्दे नीचे करते हुए कहा था—'यहाँ से पूना तक का सफ़र इस कम्पार्टमेंट में, तुम्हारे साथ। सारी ट्रेन में खलक़त घुसती रहे, निकलती रहे, खड़ी रहे, लटकी रहे, हमारी बला से!'

राजू कभी फ़र्स्ट-क्लास से नीचे सफ़र नहीं करते थे।

'कहीं जाना है तो इसका यह मतलब तो नहीं कि ऊँट की दुम से लटककर चले जाओ! नहीं यार, इतनी भीड़ में अपने बस का नहीं,' वह कहते।

'कूपे' रिज़र्व था। राजू ने एक बर्थ पर बिस्तर खोल दिया। मैं और अंशुल उस पर बैठे थे। सामने की सीट पर राजू थे। प्लेटफार्म पर उन्होंने बहुत-सी पत्रिकाएँ, अख़बार और दो-तीन किताबें ख़रीदी थीं और इस समय उनके पन्ने पलट रहे थे। किसी पन्ने पर एक औरत की अधनंगी तसवीर पर उनकी आँखें देर तक टिकी रही थीं। उन्होंने सिगरेट के दो-तीन लम्बे-लम्बे कश लेने के बाद मेरी ओर देखा और मुस्कुराए।

'मुझे तो उस दिन के बाद से कूपे से ही नफ़रत हो गई थी! तुम्हें याद है?'

मुझे याद था। जब भी हम दोनों ट्रेन से कहीं गए हैं, राजू को वह बात ज़रूर याद आई है।

'सालों ने तबाह कर दिया था। मेरी तो आज तक समझ में ही नहीं आया कि किसकी हरकत थी।'

शादी के फ़ौरन बाद मैं और राजू पूना से आ रहे थे। शादी के हंगामों में हम लोग उस समय तक एक-दूसरे को पति-पत्नी की तरह जान भी नहीं पाए थे। हम लोगों के साथ ज्योति और पप्पू भी थे। एक ही कूपे में हम चारों : ज्योति और पप्पू ने लाख दर्शाने की कोशिश की थी कि वे लोग गहरी नींद सो रहे हैं, लेकिन कुछ नहीं हो पाया था। मैं रातभर लेटी रही थी और राजू रातभर सिगरेट पर सिगरेट पीते रहे थे, बाहर आते-जाते रहे थे। उन्होंने बहुत प्रयत्न किए थे कि कहीं दो सीटें

और मिल जाएँ और ज्योति और पप्पू वहाँ चले जाएँ, लेकिन जगह नहीं मिल पाई थी।

'मैंने जता-जताकर कहा था कि एक कूपे और दो सीट्स!...और यह तुम्हारे भाई-बहन साले कितने उजड्ड हैं! यह नहीं बना कि रात किसी थर्ड-क्लास कम्पार्टमेंट में ही काट लें। सब सत्यानाश करके रख दिया...'

हर बार, फिर जब भी हमने रेल का सफ़र किया है, राजू उस बात को सोचकर पहले ग़मगीन हुए हैं, फिर खिसियानी हँसी हँसे हैं, और फिर...

'यार, रेल भी क्या चीज़ है! अपनी गवर्नमेंट को एक हनीमून स्पेशल चलानी चाहिए! या होटल वालों को कमरे में चलती ट्रेन का इफैक्ट पैदा करना चाहिए। जबरन बैठे-बैठे आदमी सैक्सी हो जाता है!'

जैसे-जैसे हम लोग शहर से दूर होते गए, राजू की उम्र जैसे कम होती गई थी। वह फिर ख़ुद जैसे होते गए थे।

'मुझे ये केयर-टेकर साला शक्ल से ही बदमाश मालूम होता है!' टी.टी.आई. को देखकर उन्होंने कहा था। 'तुम्हारी तरफ़ कितने ग़ौर से देख रहा था!' उन्होंने गाली देते हुए कहा था, 'बच्चे वालियों को तो छोड़ दो!'

और यह कहते हुए उनके चेहरे पर वही भाव था जो शादी की रात से पाँच साल बाद तक लगातार रहा था। शायद राजू घर, मम्मी, फ्रिज, कार, नारायण, रिज़्वी सबको भूल चुके थे। हाँ, जैसे-जैसे पूना क़रीब आता गया था, एक दूसरी बेचैनी उन पर छाती गई थी। कल्याण पर गाड़ी बदलने के बाद तो वह बिलकुल ही बेआराम हो गए थे। बोलना भी कम हो गया था, अंशुल के नखरे भी बरदाश्त करना बन्द हो गया था। वह थोड़ी-थोड़ी देर बाद खिड़की के शीशे उठाकर बाहर झाँकते, फिर बन्द करके बैठ जाते और बस, सिगरेट पर सिगरेट।

और फिर उन्होंने कहा था—'यार, घर की बातों का ज़िक्र वहाँ मत करना। अब कुछ दिनों की बात है, थोड़े दिन में सब ख़ुद ही ठीक हो जाएगा। उन लोगों को बताकर परेशान करने से क्या फ़ायदा? ठीक है न?'

आठ

'ज़रा के ज़रा में क्या हो जाता है!' पूना पहुँचकर घरवालों से मिलने के बाद राजू ने कहा था—'अभी कल की बात है, अपनी शादी पर सब साले इतने-इतने-से थे, अब जिसे देखो! कितनी जल्दी बढ़ते हैं बच्चे भी!'

मैं ख़ुद भी काफ़ी देर तक घर में अजनबी महसूस करती रही थी। ठीक है, मम्मी और बाबा तो अपनी जगह थे, पप्पू और ज्योति में भी कुछ ऐसा विशेष फ़र्क़ नहीं हुआ था, सिवाय इसके कि पप्पू ने अब दाढ़ी रख ली थी। पप्पू मुझसे डेढ़-पौने दो वर्ष छोटा था। और ज्योति? 'तुम ज्योति की पीठ की हो'—मम्मी मुझे बताती थीं। लेकिन उसकी शादी नहीं हुई थी। वैसे भी मुझे जाने क्यों लगता था कि ज्योति उन लड़कियों में से नहीं जो शादी करने के बाद ख़ुश रह सकें। उसे पढ़ने-लिखने का शुरू से ही शौक़ रहा था, लेकिन परीक्षा में उसके नम्बर कभी बहुत अच्छे नहीं आए। न ही मेरे अच्छे नम्बरों से उसे कभी ईर्ष्या होती थी। अब अन्तर केवल इतना हुआ था कि ज्योति के चेहरे पर ऐनक आ गई थी। लेकिन ज्योति को ऐनक लगाए भी हम लोग देख ही चुके थे, जब अंशुल के जन्म पर वह हम लोगों के घर आकर ठहरी थी। इसके अलावा सारा नक़्शा बदल गया था।

'रीता नहीं है?' मैंने पूछा था।

'लो, तुम्हें ये भी नहीं मालूम? रीता तो बाम्बे में है,' मम्मी ने बताया था, 'ज्योति ने चिट्ठी में नहीं लिखा था?'

'बाम्बे में क्या कर रही है? अकेली?' राजू ने पूछा था।

'नहीं, वहाँ मामा के साथ है। पता नहीं इंटीरियर-डेकोरेशन का कुछ ट्रेनिंग-कोर्स है। इनके बाबा की आज़ादी है। मैं तो जाने ही नहीं दे रही थी।'

और अलका? इतनी-सी बच्ची देखते-ही-देखते भर आई थी। घर पर उसे मामूली कपड़ों में देखकर, मेरी नज़रें, फ़ौरन राजू पर गई थीं। अच्छा हुआ, राजू उस समय पप्पू से बातें कर रहे थे। और सुमन, और पद्मा—सब बच्चों से लड़कियों में बदल गई थीं। कल जिनकी चोटी मैं करती थी, आज उनके ख़ुद के सँवारे बाल देखकर मुझे ईर्ष्या होने लगी थी।

उस रात मैं बहुत देर तक मम्मी के साथ बैठी रही थी। अंशुल को तो जैसे थोड़ी ही देर में मेरा ख़याल आना भी ख़त्म हो गया था। पहले पप्पू उसे पता नहीं, कहाँ-कहाँ लिये फिरा था, फिर दूसरी लड़कियाँ। अन्त में वह ज्योति के पास सो गया था।

'तू...तुम दोनों ठीक तो रहे?' मम्मी ने पूछा था, और मेरा दिमाग़ एकदम घूम गया था...

'लेकिन इसका क्या मतलब है?...ये तुम बेहद आपसी बातें सारी दुनिया को कैसे बता देते हो?...तुम्हारा मुझसे झगड़ा हुआ, मेरी और मम्मी की नहीं बनती, मेरी माँ यूँ है, मेरा बाप यूँ था...इसका मतलब क्या है? चाहे कोई चीज़ किचिन में तो चाहे बेडरूम में, कुछ ही क्षणों में सारी दुनिया को उसकी ख़बर मिल जाएगी। अगर मैं कमीनी हूँ, बुरी हूँ, कुछ करती हूँ, अगर हम लोग इकट्ठे नहीं रह सकते तो मुझसे कहो न, सारी दुनिया में मुझे बदनाम करने का मतलब?' एक बार बहुत ग़ुस्से में मैंने राजू से कहा था।

मुझे सचमुच यह देखकर जितना आश्चर्य होता, उतनी ही नफ़रत कि राजू कितनी आसानी से सिर रखकर रोने के लिए कन्धे तलाश लेते हैं! शादी के एक साल बाद तक ज़रूर यह भ्रम रहा था कि हम लोगों की बातें हम तक हैं, फिर इक्का-दुक्का करके ऐसी बातें सामने आईं कि मैं विश्वास नहीं कर पाई थी। जैसे एक पार्टी में...

'कहिए, राजू अब तो अपनी मम्मी से नहीं मिलते?' सिर्फ़ एक बार पहले की परिचित महिला ने पूछा था।

'क्या मतलब?'

'मतलब ये कि वह कह रहे थे, आपको उनका माँ से मिलना पसन्द नहीं।'

या...

'क्या सचमुच राजू को आपने हम लोगों से मिलने को मना कर रखा है?'

और हज़ारों इसी तरह की छोटी-छोटी बातें कि मैं फ़िजूलख़र्च हूँ, मैं उन्हें कहीं जाने नहीं देती, वह मेरे हाथ-पैर दाबते हैं, ...हज़ारों मामूली बातें, जिनमें कुछ सच्ची भी, लेकिन जिन्हें मेरे और राजू के अलावा कोई नहीं जान सकता था।

मैंने हर बार राजू से दबी-दबी ज़बान में कहा था कि यह ग़लत है। अव्वल तो उन्होंने कभी यह माना ही नहीं था कि वह दोस्तों में घर की बातें करते हैं, लेकिन इस प्रसंग को लेकर वह कुछ खीजे हमेशा थे। और उस दिन...

'मान लिया हमारी ग़लती है! मगर यार, क़सम खाता हूँ, ये बिलकुल आख़िरी ग़लती है। फिर कभी ऐसा हो जाए तो गोली से उड़ा देना। यार, ग़लती इन्सान से

ही होती है और तुम इन सब चीज़ों को इतना सीरियसली क्यों लेती हो? समझ में नहीं आता...'

फिर भी ऐसा ही होता रहा था, लेकिन मैंने कोशिश ये ही की कि फिर से इस विषय पर कोई झड़प न हो। यह राजू की एक ऐसी कमज़ोरी थी जिससे मैं अभी तक बिलकुल भी समझौता नहीं कर पाई थी।...

'हाँ, सब ठीक है,' मैंने मम्मी की आँखों में देखते हुए कहा था—'और आप लोग?'

मम्मी ने गहरे इत्मीनान की साँस ली थी।

'हाँ, यहाँ भी सब ठीक है। बस, तुम्हारे बाबा को लड़कियों की चिन्ता खाए रहती है। अभी तो पाँच हैं। ख़ैर, वह भी कोई बात नहीं, सब हो ही जाएगा। वैसे नज़र रखना, अगर कोई अच्छा लड़का हो, तुम्हारी ससुराल या वैसे ही परिचित लोगों में।'

बाबा से सुबह ही थोड़े-से समय का मिलना रहा था। फिर वह अपने कमरे में चले गए थे जहाँ केवल मम्मी जा-आ सकती थीं।

'पिछले दिनों बहुत गड़बड़ रही,' मम्मी बता रही थीं।

सन्तोष, सुरेश और वे सब लोग आ गए थे। गोपाल साब ने कुछ ज़मीन बेची थी तो अपना हक़ माँगने के लिए काफी दिनों झगड़ा चलता रहा। अन्त में गोपाल साब ने उन्हें तो भगा दिया, मगर वे लोग सारी बस्ती में कहते फिर रहे हैं कि बुड्ढा खत्म हो जाए फिर निपटेंगे इनसे...

संतोष, सुरेश और उनके दूसरे भाई, गोपाल साब, यानी बाबा की पहली शादी की औलादें थीं। उनको लेकर हमेशा घर में एक तनाव की-सी कैफ़ियत रहती थी। ये तमाम लोग बुरे हालात में थे, न किसी ने पढ़ा-लिखा था, न कोई धन्धा था। सबकी शादियाँ हो चुकी थीं और बच्चे भी बड़े होने को आ रहे थे। सबसे बड़े सुरेश की उम्र लगभग मम्मी जितनी ही रही होगी।

एक बार मेरी शादी से पहले भी सुरेश घर आया था। उसे कुछ रुपयों की ज़रूरत थी और उसने मम्मी को देखकर ही पहले तो सड़ा-सा मुँह बनाया, फिर कहा कि वह बाबा से मिलने आया है। मम्मी के चेहरे पर, जहाँ आमतौर पर बड़ी-से-बड़ी बात भी सकून और इत्मीनान के भाव को नहीं छू पाती, उस पल मुझे थोड़ी-सी घबराहट नज़र आई थी। फिर मम्मी उसे कमरे में बैठने को कहकर बाबा के पास गई थीं।

'वह तो इस समय नहीं मिल पाएँगे,' मम्मी ने आकर कहा था—'यह उनके आराम का समय है। तुम मुझे बताओ, क्या बात है?'

अगले दिन जब वह फिर आया था तो...

'उनके पास पैसा है कहाँ जो दें?' मम्मी ने कहा था।

'जायज़-नजायज़ सब पल रहे हैं!' सुरेश ने ग़ुस्से में व्यंग्य करते हुए कहा था। 'सबके नखरे उठाए जा रहे हैं। अभी तो थोड़े दिनों में शादी-ब्याह भी किया जाएगा,' उसने मेरी ओर घृणा-भरी नज़रों से देखकर कहा था। 'क्या हमें मालूम नहीं है कि सैकड़ों बीघे ज़मीन बिककर पैसा कहाँ जाता है? कर लो...कुछ दिन का ऐश और है, कर लो! और बड़े साहब! अच्छा है! उनका पूजा-पाठ ही शायद तुम लोगों के काम आए!' और मम्मी को ग़ुस्से में काँपता छोड़कर वह घर से निकल गया था।

उसके जाते ही धीरे-धीरे अन्दर से पहले पप्पू निकलकर आया, फिर ज्योति, फिर और दूसरे बच्चे। तब तक मुझे लग रहा था, सुरेश की बात मैंने ही सुनी है, लेकिन पता चला कि हम सब कहीं-न-कहीं उन्हीं बातों पर कान लगाए हुए थे। मम्मी ग़ुस्से में पहले तो सुरेश को कोसती रही थीं फिर हम लोगों पर झाड़ लगाई थी, और हम सब लोग जिस तरह कमरे में आए थे, वैसे ही वापस निकल गए थे। बाद में मम्मी ने कुछ काट-छाँट करके बात बाबा को बताई थी जिस पर बाबा बहुत नाराज़ हुए थे, और ग़ुस्से में उन्होंने यह तक कहा था कि वह सुरेश और उसके भाइयों को क़ानूनन उनकी वल्दियत से बेदख़ली कर देंगे। कुछ दिन तक गर्मागर्मी रही थी। फिर न सुरेश को पैसा मिला था, न बाबा ने कोई क़ानूनी कार्रवाई की थी। बस, हम लोगों और उन लोगों के बीच दुश्मनी बराबर पलती गई थी।

बाबा अब उस उम्र को पहुँच गए थे, जहाँ गुज़रते सालों का असर चेहरे-मोहरे या शरीर पर नहीं दिखाई देता। उनके पूरे बाल सफ़ेद थे, यहाँ तक कि भँवें भी। लेकिन झुर्रियाँ उनके शरीर पर नहीं थीं। कभी-कभी सचमुच, मम्मी और दूसरे बच्चों के आनेवाले समय का सोचकर मुझे डर लगने लगता था।

'इधर पप्पू की हरकतें,' मम्मी कह रही थीं, 'मैं तो समझा मरी, न जाने कैसी बुद्धि है! पैसा! पैसा! पढ़ाई छोड़ ही दी। ख़ैर, कुछ काम सही। मगर वहाँ कहाँ? तुम ख़ुद सोचो, कुछ ज़िम्मा तुम लोगों का भी बनता है। अरे, जो कुछ है, उसका फ़ायदा ही उठा लें। मगर यहाँ तो बस बरबादी! और सामनेवालों की लड़की! कुछ समझता ही नहीं। तुम्हीं बताओ?'

हम तीनों—मैं, ज्योति और पप्पू—मम्मी की पहली शादी से थे। फिर मम्मी बताती थीं, जब हमारे पिता की उम्र कोई छब्बीस साल की थी और मम्मी की मुश्किल से इक्कीस, तो वह ऐसे बीमार पड़े कि एक महीने से ज़्यादा न जी सके। तीन साल मम्मी मामा के साथ बम्बई रही थीं, फिर गोपाल साब से उन्होंने शादी कर ली थी।

'तो उन लोगों को, मेरा मतलब है सुरेश आदि, मम्मी, आप उनको कुछ दिलवा क्यों नहीं देतीं? इस तरह तो...'

'दे-दिलाने के नाम पर रखा क्या है?' मम्मी की आवाज़ एकदम धीमी हो आई थी। 'सब तो बिक गया। कुछ बीघे ज़मीन और है।'

बाबा की आमदनी का एक ही साधन था—ज़मीन। बम्बई के आसपास फैली हुई वह ज़मीन जिसका मूल्य एक ज़माने में कुछ भी नहीं था, शहर के बढ़ने के साथ-साथ महँगी होती गई थी। समय-समय पर बाबा उस ज़मीन को हिस्सों में बाँटकर बेचते रहे थे, जो उन तक उनके पिता द्वारा पहुँची थी। पहले हम लोग रहते भी बम्बई में ही थे, फिर जब सुरेश और उसके भाइयों के साथ सम्बन्ध बहुत ज़्यादा बिगड़ने लगे थे और मम्मी को लगा था कि बच्चियों की ज़िन्दगी ख़तरे में पड़ सकती है, तो उन्होंने बाबा को बम्बई छोड़ने को तैयार कर लिया था।

उस रात मम्मी के पास से जब मैं उठी तो मेरे क़दम भारी-से हो गए थे।

'मिल गई फुर्सत?' राजू का कहा हुआ जुमला था। वह कमरे में अकेले लेटे थे, हाथ में कोई पत्रिका थी और पंखा पूरी स्पीड से चल रहा था। 'हमें तो पहले ही मालूम था कि तुम इसी तरह ज़लील करोगी।' उन्होंने मुझे देखते हुए जोड़ा था।

'राजू, प्लीज़!' मैंने अपनी थकी आवाज़ में उन्हें समझाने के अन्दाज़ में कहा था।

राजू ने दूसरी ओर करवट बदलकर पत्रिका नीचे डाल दी थी।

'कोई तुक होती है!' थोड़ी देर बाद अँधेरे में उन्होंने मेरे क़रीब आते हुए कहा था। 'साले, वह सब भी कब के सो गए, आप भी बिज़ी, तो मैं क्या करूँ? क्या अकेले में अँधेरा करके उल्लू की बोली बोलता रहूँ? और मम्मी से भी यह नहीं हुआ कि अगर तुम्हें यहाँ नहीं भेज सकती थीं तो मुझे ही बुलवा लें! तुम्हीं बताओ? ससुराल—हुँह!'

इसके थोड़ी देर बाद...

'ये रीता को ख़ूब सूझी, अकेले बम्बई में रहने की!' मुझे राजू की आवाज़ में किसी गहरे राज़ को जानने की इच्छा गूँज करती लगी थी। वह जैसे बिलकुल डूब-से गए थे। 'इंटीरियर डेकोरेशन! तुम्हारे माता-पिता भी ख़ूब हैं!'

और थोड़ी देर बाद...

'यार, बस, जल्दी-से-जल्दी वापस चलना है! वहाँ अगर होंगे तो कोई-न-कोई रास्ता सूझेगा। कोई बात समझ में आएगी। कुछ-न-कुछ तो करना है। वहाँ नारायण से कह आए हैं, लेकिन इस तरह चले आने से लोग समझेंगे, हम पैसा खाकर भागना चाहते हैं। तुम समझ रही हो न, मेरी बात?' और राजू बेचैन-से होकर बिस्तर पर बैठ गए थे। सिगरेट सुलगाई थी और कमरे में टहलने लगे थे।

नौ

छठे दिन हम पूना से वापस हो गए थे।

'बस, निकल चलो,' राजू ने कहा था, 'बहुत हो गई!'

'घर पर सबको हैरत भी हुई थी और सबने हमें रोकना चाहा था—तुम्हें वहाँ काम है, तो ये लोग तो कुछ ठहर सकते हैं?' मम्मी ने राजू से कहा था।

'ये रुक जाएँ तो रोक लीजिए,' राजू ने बदली-सी आवाज़ में मेरी ओर देखते हुए कहा था।

'क्यों?' मम्मी ने मेरी ओर देखा था और न जाने क्यों रहमत दादा का चेहरा मेरी आँखों में घूम गया था। और रेफ्रीजरेटर और कार। उषा दीदी के बच्चे, राजू की मम्मी और वह लकड़ियों और बल्लियों का ढेर जो हमारे शहर छोड़ने के दो-तीन दिन पहले से हमारे कम्पाउंड में आ-आकर जमा हो गया था। सीमेंट के रंग में रँगी हुई अलग-अलग साइज़ की छोटी-बड़ी लकड़ियाँ और कंस्ट्रक्शन में काम आनेवाले औज़ार। मैं कुछ देर चुपचाप अंशुल की ओर देखती रही जो इस समय पद्मा की पीठ पर चढ़ा हुआ मुँह से आवाज़ें निकाल रहा था।

'हम लोग दिसम्बर में फिर आएँगे न—क्यों?' मेरे बोलने से पहले ही राजू ने जैसे मुझे सम्बोधित करते हुए कहा था और बात वहीं ख़त्म हो गई थी।

मम्मी चाहती थीं, पप्पू हम लोगों के साथ चला जाए और वहीं राजू के साथ किसी काम में लग जाए। राजू ने बहुत उत्साह के साथ हाँ-हाँ कहा था, और फिर चलते समय उन्होंने कहा था कि वह कुछ दिनों में पत्र लिख देंगे, पप्पू को बुलाने को।

इसी बीच मेरा सामनेवालों की लड़की जमीला से भी मिलना हुआ था। शादी से पहले भी हम दोनों के बीच दोस्ती थी और उम्र में जमीला पप्पू से बड़ी थी। हमारे और जमीला के घरों में बहुत आना-जाना था, बावजूद इसके कि वह परिवार मुसलमानों का था। जमीला बी.ए. के अन्तिम वर्ष में थी और उसकी शादी अमेरिका में डॉक्टर से तय थी।

मुझसे जमीला दुनिया-जहान की बातें करती रही थी, फिर पप्पू और वह एक-

दूसरे को मुहब्बतभरी नज़रों से देखते रहे थे, फिर कहीं घूमने चले गए थे।

'पास-पड़ोस, सबमें चर्चे होते हैं,' मम्मी ने मुझे बताया था—'.ख़ैर, पप्पू तो लड़का है, लेकिन यह जमीला ऐसी हाथ धो के उसके पीछे पड़ी है। और पप्पू को उसमें जाने क्या नज़र आता है? न सूरत, न शक्ल!'

मैंने पप्पू से इतना ही कहा था कि बात का इतना बढ़ना ठीक नहीं और उसने अपने ख़ास सहजतापूर्ण अन्दाज़ में मेरी ओर देखते हुए कहा था—'मैं क्या कर सकता हूँ? इसकी फ़िक्र तो उसे होनी चाहिए। ह्वाट कैन आई डू? इट्ज शी हू हैज टू बी केयरफुल।'

पप्पू का यही उत्तर था। बड़ी-से-बड़ी बात को लेकर भी वह कभी बहुत परेशान नहीं होता था। तब भी जब वह किसी काम में व्यस्त हो। बचपन में भी मैंने पप्पू को कभी किसी बात पर रोते नहीं देखा था।

हम लोगों की पूना से वापसी थर्ड-क्लास में हुई थी। सिर्फ़ पप्पू हमें स्टेशन तक छोड़ने आया था और राजू ने बुकिंग से आकर बताया था कि फर्स्ट-क्लास में जगह नहीं है। इससे पहले कि पप्पू स्टेशन पर अपने किसी परिचित का ज़िक्र करता, राजू ने कहा था—'अरे ठीक है यार, सब तरह की आदत होनी चाहिए। मैंने बात कर ली है, आगे फर्स्ट में जगह मिल जाएगी।'

'अगर कुछ दिन और ठहर जाते तो पैदल वापस चलना पड़ता!' ट्रेन रवाना होने के बाद राजू ने कहा था। 'स्टेशन से घर तक टैक्सी के पैसे तक नहीं हैं।'

और पूना में हम सब हर शाम राजू के साथ घूमने-फिरने जाते थे। कभी फ़िल्म, कभी किसी होटल या रेस्तराँ। और राजू इस तरह खर्च करते थे, जैसे उनकी जेब में लाखों हों! कभी एक क्षण भी ऐसा नहीं लगता था कि उनको पैसों की कमी पड़ सकती है। मुझे भी ऐसा लगने लगा था, जैसे राजू नारायण से बेगिनती पैसा लेकर चले थे।

बहुत तकलीफ़देह सफ़र के बाद हम लोग घर पहुँचे थे, जिसके दौरान राजू बेचैनी से हर आनेवाले स्टेशन के प्लेटफार्म पर उतरते रहे थे। 'कुछ चाहिए तो नहीं?' वह रह-रहकर पूछते थे। चलती ट्रेन में कभी खिड़की खोलकर झाँकते, कभी बन्द कर देते। 'साले मैगज़ीन भी तो वहीं भूल आए,' स्टेशन पर किताबों के ठेलों को उन्होंने हसरत की नज़रों से देखते हुए कहा था और सफ़र के दौरान वह रह-रहकर अंशुल को डाँटते रहे थे।

घर पहुँचकर इससे पहले कि राजू दुविधा में पड़ें, मैंने अपने पास से टैक्सी का किराया दे दिया था।

वही घर—दोपहर की वीरानी और गर्मी में थका हुआ-सा। उस दिन बहुत तेज़ हवा चल रही थी और दूर-दूर तक सड़कों पर धूल दौड़ती फिर रही थी। 'राजेन्द्र कुमार कांट्रेक्टर' —पीतल की प्लेट पर धँसे हुए काले अक्षर और कम्पाउंड में फैला

हुआ लकड़ियों का अम्बार, सेट्रिंग का सामान। होटलवाले के छोकरे ने लपककर हमारा सामान उतरवाया था।

थोड़ी ही देर में राजू नहा-धोकर कहीं जाने के लिए तैयार हो गए थे।

'सुनो, मैं अभी आता हूँ,' उन्होंने मेरे पास आकर कहा था। 'ज़रा नारायण के यहाँ तक जा रहा हूँ। बहुत थक गईं क्या?' उन्होंने मुझसे नज़रें चुराते हुए कहा था। 'अच्छा है, आराम कर लो। अंशुल सो गया?' उन्होंने सोते अंशुल का गाल तोड़ा था और कमरे से निकल गए थे।

कॉलबेल की आवाज़ से मेरी नींद खुली थी। हलका-हलका अँधेरा फैल चुका था। घड़ी में सात बज रहे थे। मैंने उठकर बाथरूम में हाथ-मुँह धोया और तौलिया हाथ में लिये आकर दरवाज़ा खोला—रिज़्वी!

बाहर कम्पाउंड में कार खड़ी हुई थी। एक सफ़ेद रंग की कार।

'आदाब अर्ज़।'

मैंने धीरे-से कुछ जवाब में कहा था। या पता नहीं, मैंने सिर्फ़ होंठ ही हिलाए थे और गर्दन ऊँची-नीची की थी।

'मैं दो-तीन बार आया, मम्मी से पता चला, आप लोग पूना गए हैं,' रिज़्वी कुछ क्षण रुका था। 'आज सलीम, ये जो आपके आगे रहते हैं, उन्होंने बताया, राजू आ गए हैं। कैसा रहा आपका ट्रिप?'

'ठीक रहा,' अन्दर से अंशुल के रोने की आवाज़ आने लगी थी। 'मैं अभी आती हूँ।'

मैं जब अंशुल को लेकर निकली तो, ड्राइंगरूम में रिज़्वी बैठा हुआ था।

'क्यों यार?' उसने अंशुल को सम्बोधित करते हुए कहा था। 'अरे वाह, आओ हमारे पास, आओ। चलो, हम तुम्हें घुमाने ले चलेंगे, आओ।'

अंशुल धीरे-धीरे क़दम उठाता, अपने अन्दाज़ में थोड़ा-सा शरमाता उसकी ओर बढ़ता गया। उसके उठते एक-एक क़दम के साथ मेरे भीतर कुछ हो रहा था। मेरा दिल जाने क्यों हर पल नीचे बैठता जा रहा था।

'भाभी,' रिज़्वी कह रहा था, 'ये तो बिलकुल तुम पर गया है। राजू? मम्मी से पूछना, वह तो काफ़ी बड़ा होने तक भी जो कोई नई सूरत दिखी—मेरा यार, भें-भें करके ऐसे रोता था कि आनेवाला भी शर्मिंदा हो जाए। आओ बेटा...'

'अंशुल!' मैं एकदम अंशुल तक पहुँच गई थी और रिज़्वी के छूने से पहले ही उसे पकड़ लिया था। चन्द क़दम का फ़ासला तय करने में ही मेरी साँस भर आई थी।

'क्या हुआ?' रिज़्वी अवाक्-सा बैठा रह गया था। उसके हाथ चुटकियाँ बजाने

की मुद्रा में ही जमे रह गए थे।

'तुम कहो, कैसे आना हुआ?' जैसे एकदम मेरी पूरी हिम्मत और शक्ति कई गुना बढ़कर मुझे वापस मिल गई थी।

कुछ क्षणों के लिए रिज़्वी चुपचाप रहा था, फिर एक हलकी-सी व्यंग्य में बुझी मुस्कान उसके मुँह पर दौड़ गई थी।

'आपको बुरा लगा? मैं तो पहले भी आता ही रहता था। अब कुछ एतराज़ है आपको?' और उसकी आँखों का भाव बदल गया।

मुझे लगा था, जैसे मैं एकदम नंगी होकर भी उससे अपने शरीर को छुपाने की कोशिश कर रही हूँ।

'नहीं, मुझे कोई एतराज़ नहीं,' मेरी आवाज़ एकदम तेज़ हो आई थी। 'पहले भी मुझे तुम्हारा कभी इन्तज़ार नहीं रहा। पहले भी तुम राजू से मिलने आते थे। अब राजू को इस पर एतराज़ है।' मुझे और कुछ कहने की ज़रूरत नहीं।

'आप,' वह उठकर खड़ा हो गया था। 'तुम क्या कह रही हो?' उसकी आवाज़ डूबने लगी थी। 'मैं तो तुमसे ये कहने के लिए आया था कि राजू कोई दूसरा काम शुरू कर दें। फ़ायदा-नुक़सान तो धन्धे में लगा ही हुआ है। बड़ा काम ले लिया, पिताजी की डेथ के बाद, फिर शादी हो गई, ग़लत तरह के नौकरों का साथ हो गया, उन्होंने डुबो दिया। अब कहने को तो लोग ये भी कहते हैं कि उन्होंने सट्टे-जुए में उड़ा दिया। लेकिन हम लोग जानते हैं, ऐसा नहीं है। अब यही एक तरीक़ा है कि वह फिर से कोई काम ले लें—छोटा-मोटा ही सही। जिन लोगों को अपना पैसा डूबता लग रहा है, वह भी जब देखेंगे कि आदमी कुछ कर रहा है, कहीं से पैसा मिलने की उम्मीद बनती है, तो वह भी कुछ और मदद करने से नहीं हिचकिचाएँगे। रही शुरू में पैसा लगाने की बात, तो—राजू और तुम लोग कोई ग़ैर तो हो नहीं। राजू तो मेरा बचपन का दोस्त है, हम लोगों ने इकट्ठे क्या नहीं किया। और अगर राजू को इस तरह पैसा लेने में इनकार है तो ठीक है, पहला काम वह मेरे छोटे भाई को हिस्सेदारी में लेकर कर सकते हैं।'

'यह सब कुछ तुम मुझसे क्यों कह रहे हो?' पूना से वापसी के सफ़र की थकान धीरे-धीरे फिर से उभरने लगी थी। 'मुझे इन बातों से क्या लेना है? जो राजू ठीक समझेंगे, वही करेंगे।'

'तुम समझा तो सकती हो,' रिज़्वी की आवाज़ में भावुकता का अंश बढ़ता जा रहा था। उसकी आवाज़ धीमी हो गई थी। इससे पहले कि वह अंशुल को छुए—

'ठहरो!' मैंने थके स्वर में कहा था। 'मुझे समझाने की क्या पड़ी है? राजू ख़ुद समझदार हैं। और तुम्हें राजू की इतनी फ़िक्र कैसे हो गई?'

वह एकदम चुप रह गया था। मैं भी खामोश टकटकी लगाए उसकी ओर देखती रही थी।

'तुम जानती हो,' उसने कहा था, 'मुझे मालूम है, तुम जानती हो, मैं औरतों को लेकर कभी भावुक नहीं होता। तक़रीबन सब एक जैसी हैं। बस, ऐड़ी से चोटी के बीच चीज़ों का, जिस्म के हिस्सों का आपस में एक-दूसरे से फ़ासला बदलता रहता है। और सब कुछ एक-सा रहता है। मैं शायद बकवास कर रहा हूँ, लेकिन मेरा मतलब इतना है कि यह सब तुम्हारे लिए है, तुम्हारी वजह से।'

मेरी कुछ कहने की सामर्थ्य ख़तम हो गई थी। पता नहीं, कब रिज़्वी ने अंशुल को फिर अपनी ओर बुलाया था, कब अंशुल उसके पास जाकर बैठ गया था! पता नहीं, कैसे पास की आवाज़ें सुनने की मेरी शक्ति एकदम ख़त्म हो गई थी और दूर सड़कों पर से गुज़रती मोटरों की आवाज़ों पर जाकर केन्द्रित हो गई थी।

जब मेरी आँखें पास का कुछ देखने योग्य हुई थीं तो अंशुल रिज़्वी के पास बैठा था और रिज़्वी खिड़की के बाहर देखते हुए धीरे-धीरे उसके सिर पर हाथ फेर रहा था। समय की हर धड़कन मेरे कानों को सुनाई देने लगी थी।

'वैसे यह सिर्फ़ एक सुझाव था। अगर तुम—अगर राजू चाहें तो ठीक है, नहीं तो...,' उसने कुछ क्षण बाद सधी-सी आवाज़ में कहा था—'आफ़्टर ऑल...आई एम ए बिजिनेस-मैन। दोस्ती, जज़्बात अपनी जगह,' उसने केवल एक क्षण को मेरी ओर देखा था। 'कल तक इसी रिज़्वी का बाप—मेरा बाप, लोगों ने आँखों से देखा है—इस क़ाबिल नहीं समझा जाता था कि लोग अपने कमरे में बिठाएँ। मैं भी उन दिनों को भूला नहीं हूँ,' एक पल को उसने अपने चारों ओर नज़र डाली थी। 'तब यह मकान पक्का नहीं था...उस तरफ़ जहाँ मम्मी रहती हैं, अन्दर, देवढ़ी थी...उससे मिला हुआ कमरा...बैठक। वहाँ मास्-साब राजू को पढ़ाया करते थे। एक कुर्सी पर वह...लम्बी आरामकुर्सी...एक पर राजू...एक और आरामकुर्सी। मैं कभी स्टूल पर बैठता था...कभी एक टीन की कुर्सी पर...। और वह बूढ़ा मास्टर, अब तो उसे मरे हुए भी सालों गुज़र गए, एक तो बात-बात पर मुझे मारता था, फिर जा बे, तू क्या पढ़ेगा, लपककर सिगरेट ले आ, माचिस ले आ, पान ले आ! राजू के पिताजी की मेहरबानी थी कि हम इस घर में दाख़िल हो लेते थे। तब, बचपन में ऐसा लगता था, लेकिन भला एक पटवारी और फॉरेस्ट-कंट्रैक्टर के बीच मेहरबानी का क्य रिश्ता? वह भी बिजिनेस का ही पार्ट था।'

थोड़ी देर के लिए वह चुप हुआ था।

'अच्छा, मैं चलता हूँ,' उसने अंशुल को प्यार किया था। 'नहीं, मज़ाक़ नहीं, यह बच्चा बिलकुल तुम्हारे ऊपर गया है।' ख़ामोश होकर उसने कुछ सोचा था, फिर कमरे के बाहर निकल गया था।

'माफ़ करना!' उसकी आवाज़ सुनकर मैं बुरी तरह चौंकी थी। 'मैं भूला जा रहा था। आज आपकी बर्थ-डे है,' उसने आँखों में देखते हुए कहा था। 'पिछले

साल और उससे पहले, हमेशा राजू ने मुझे इन्वाइट किया है, इसी से मुझे याद रह गया होगा...' कहते हुए वह कहीं और देखने लगा था। 'ऐनी वे, मेनी रिटर्न्स ऑफ़ द डे...!' और इससे पहले कि मैं कुछ कह पाती, समझ पाती, मैंने कार के स्टार्ट होने की आवाज़ सुनी थी और अपने हाथ में थमे उस पैकेट को घूरती रह गई थी जो कुछ देर पहले रिज़्वी के पास से मुझ तक पहुँचा था और जिस पर किसी अनजानी लिखावट में लिखा था—'मिसेज राजेन्द्र कुमार, मैनी-मैनी रिटर्न्स ऑफ़ द डे—एस. रिज़्वी।'

दस

राजू उस रात साढ़े ग्यारह बजे लौटे थे और उनका मूड कुछ बहुत अच्छा नहीं था।

'ये ब्रेड है,' उन्होंने मुझे देखकर कहा था। 'और ये, ऐसा करो, घर में तो कुछ पकाने को होगा नहीं। बस...अरे यार, आज ही की तो बात है, कल तो फिर।...वह तो कम्बख़्त मिला नहीं, नारायण। जब जिसकी ज़रूरत हो, तब वही कलाबत्तू...! साला भाड़ में जाए!' और वह एकदम थके-से बिस्तर पर गिर गए थे।

'सब साले कहने के हैं,' उन्होंने बिस्तर पर पड़े-पड़े कोसते-से स्वर में कहा था। 'जबरन मुँह खुलवाना चाहते हैं। हमने अपने वक़्त में इनके लिए क्या नहीं किया? कहने का कभी मौक़ा नहीं दिया, आँखों में देखकर कर देते थे। नारायण और रिज़्वी शिकरा...,' वह एक पल को रुके थे, फिर आगे बोलते गए थे। 'अब साले खाने-कमाने लगे हैं तो क्या, गर्मियों में कितनी बार मैं अपने ख़र्चे पर इनको कहाँ-कहाँ लेकर गया हूँ—कश्मीर...नैनीताल...दुनिया-जहान में सालों को घुमाया है, और इस शान से कि चाहें तो भी मरते दम तक नहीं भूल सकते! अपना-अपना वक़्त है।'

न मम्मी की तरफ़ से कोई आया था, न राजू उधर गए थे। हाँ, एक और तब्दीली थी। इन कुछ दिनों के बीच ही उषा दीदी के पति, सुनील जीजाजी ने एक मोटरसाइकिल ख़रीद ली थी, जो घर के बाहर कम्पाउंड में आ खड़ी हुई थी।

'ठीक है,' राजू ने सुनकर कहा था। 'दोनों कमाते हैं। दीदी पढ़ाती हैं, जीजाजी की भी नौकरी के अलावा ऊपरी आमदनी भी कम नहीं।' और फिर, वह एकदम उठकर बैठ गए थे—'मम्मी की भी तो मेहरबानी है। तुम ख़ुद ही देख लो, हम नहीं तो वह। मुझे तो पहले ही मालूम था। आज मोटरसाइकिल दिलाई है, कल अपना सोना-चाँदी दीदी को भेंट कर देंगी, परसों यह मकान भी। और फिर हम कर भी क्या सकते हैं? नौकरी? चलो, तुमने ही इतना पढ़ लिया होता, हम तो सर्टिफाइड जाहिल हैं ही।'

'पढ़ाई छुड़वाई किसने थी?'

'अब वह सब छोड़ो। जो हुआ, सो हुआ। किस्मत में लिखे को कोई कैसे टाल सकता है?'

शादी के समय मैंने इंटर की परीक्षा पास की थी और मैरिट में मेरा दूसरा नाम था। शादी के बाद राजू ने ज़ोर देकर मेरी पढ़ाई ख़त्म कराई थी और इसका मुझे हमेशा से दुःख था।

'तोते पढ़ते हैं,' राजू कहते। 'और किसलिए पढ़ना? मेरे ख़याल में तो तुम लाखों पढ़े-लिखों से कहीं समझदार हो। क्या ड्राइंगरूम में डिग्री टाँगने का शौक़ है? और तुम्हें पढ़ने-लिखने की फ़ुर्सत कहाँ?' राजू ने हर बार इस सन्दर्भ में यही कहा था।

'बेहद थकान हो गई,' राजू ने लेटे-लेटे अँगड़ाई लेकर कहा था। 'जुलाई ही आ गया, पता नहीं बादलों के नसीब भी हम जैसे कब से हो गए? बरसते ही नहीं! और गर्मी लगता है, ख़ून-पसीना एक करके जाएगी।' फिर उन्होंने मेरी ओर प्यार-भरी नज़रों से देखते हुए पूछा था—'क्या ख़याल है?' और मेरे जवाब देने से पहले ही वह उठकर बैठ गए थे।

'अभी तो तुम कह रहे थे, थक गए। और थक जाओगे।'

उन्होंने एकदम मुझे अपनी बाँहों में कस लिया था और उनके होंठ और उँगलियाँ चलने लगी थीं।

'यार, पता नहीं, तुम्हारी कब समझ में आएगा! अरे यार, सोते समय पहनने के लिए गाउन ही क्या कम होता है? तुम तो कभी-कभी इस तरह बँध-कसकर लेटती हो, जैसे बार्डर पर जा रही हो! पता चला, जब तक देवीजी तैयार हों, पति का मूड ही ख़त्म हो गया!'

सब कुछ उसी जाने-माने अन्दाज़ में शुरू हो गया था। होंठ, उँगलियाँ, हाथ, पैर। एक मर्द, एक औरत। वस्त्रहीन पति-पत्नी। राजू, उनका ख़ास अन्दाज़, उनके माथे, पीठ के झोल और जाँघों के बीच पसीना फूटने लगा था। और वह हल्की-हल्की-सी आवाज़ें जिनका मतलब सिर्फ़ और सिर्फ़ थकान होता है। मुझे लग रहा था, उस सबमें मेरी कोई जगह नहीं थी, कोई हिस्सा नहीं था। राजू थे। उनकी पत्नी थी। मैं दूर से उन दोनों को कहीं पहुँचने की कोशिश करते, कहीं एक-दूसरे को खोज लेने का प्रयास करते देख रही थी और मेरा दिमाग़ मुझे पीछे की तरफ़ दौड़ाए लिए जा रहा था। कुछ वर्ष पहले—हमारी शादी के बाद मेरी पहली वर्षगाँठ...

'हर साल तुम्हें लगेगा—एक वृक्ष की तरह तुम अपनी जगह अटल होती जा रही हो...वृक्ष की जड़ें दिन-ब-दिन गहरे और गहरे बढ़ती जाएँगी, और शक्तिशाली हो जाएँगी। इतनी कि बड़ी-से-बड़ी आँधी में वह सिर्फ़ झूमेगा,

डोलेगा...और उसका कुछ भी नहीं बिगड़ पाएगा। तुम्हें मालूम है, मैं वह मिट्टी हूँ जिसमें तुम्हारी जड़ें हैं। देखना, जवानी का सुरमई रंग बुढ़ापे में बदलते देखकर तुम्हें ज़रा भी पछतावा नहीं होगा...' तब, शिमले में...हम दोनों थे।

सुबह-सबेरे राजू ने मुझे झिंझोड़ दिया था—कमरे में फूल ही फूल थे—पता नहीं, कौन-कब-उन्हें वहाँ सजा गया था! मेरे कम्बल से लेकर फर्श तक फूल बिखरे पड़े थे। क़दम रखने को जगह नहीं थी।

'बस, तुम अगर मेरे साथ हो तो मैं तुम्हें कुछ नहीं होने दूँगा। जो तुम्हें चाहिए, जिस चीज़ की तमन्ना करो, ग़ुलाम तुम्हारे क़दमों में ला डालेगा। क्या हुक्म है मेरे आका!'

स्केटिंग करते लोग...रिपटते-से-पगडंडियाँ तय करते बच्चे...बीच आकाश से एकदम ओझल होता सूरज...माचिस के डिब्बे जैसे फैले हुए मकानों के सिलसिले...ऊँची पहाड़ी पर उस स्कूल का लम्बा-चौड़ा मैदान...वीरान कॉरीडोर्स...सेंट जॉर्जेज़—कभी वहाँ बचपन में राजू ने पढ़ा था।

'तुम्हें मालूम है, मैं वह मिट्टी हूँ जिसमें तुम्हारी जड़ें हैं...'

'हटो यार, ऐसी क्या परेशानी है!' राजू खीजी-सी हँसी के साथ झल्लाए स्वर में कह रहे थे—'तुम तो बिलकुल रुई भरे तकिए जैसी हो रही हो। क्या बात है? वॉट द हेल इज़ रॉंग?'

राजू जाने क्यों असमंजस के क्षणों में अंग्रेज़ी बोलते थे। वैसे भी उनकी भाषा में अंग्रेज़ी शब्द होते थे। लेकिन जब कभी वह किसी ऐसे क्षण में शब्दों का सहारा लेते, जहाँ स्थिति उनकी समझ से बाहर हो, वहाँ उनसे पूरे-पूरे वाक्य अंग्रेज़ी में ही निकलते थे। सिवाय तब जब वह ग़ुस्से में अपना आपा ही खो दें। उस समय राजू कुछ भी नहीं बोल सकते थे।

'अरे, फॉर गॉड्स सेक...कुछ बोलो न...?' उन्होंने मेरे तक़रीबन निश्चेष्ट शरीर को हिलाते-डुलाते कहा।

मेरा पूरा शरीर भी पसीने में डूब चुका था और गर्दन के नीचे पसीने की नन्ही-नन्ही बूँदें ढुलक रही थीं। राजू की इतनी देर की बेरहमी के बाद भी शारीरिक स्तर पर मुझे कुछ भी महसूस नहीं हो रहा था—न दर्द, न तकलीफ़, न कोई चाह। और फिर वही हुआ। राजू एक झटके के साथ मुझसे अलग हो गए थे। सिगरेट सुलगाई थी और शून्य में घूरने लगे थे। मसहरी धीरे-धीरे हिल रही थी क्योंकि राजू लेटे-लेटे ही पैर हिला रहे थे।

'यह यहाँ गन्दे कपड़ों को किसलिए रखा है?' एकदम उनका स्वर बदल गया था। 'अगर नौकर न होंगे तो घर को इस तरह कूड़ादान बनाकर रखा जाएगा? न धूल साफ़ की गई है, न झाड़ू लगाई गई है। मैं पूछता हूँ, आख़िर यह है क्या? मान लिया, थकान हो गई, तो क्या हम इन्सान नहीं हैं? आधा दिन धूप और गर्मी में मारे-

मारे फिरते रहे। क्यों? किसलिए? मुझे क्या पड़ी है जो इस तरह परेशान होता फिरूँ? कल ही मम्मी के पास चला जाता हूँ, सब ठीक हो जाएगा। और अब शायद यही करना पड़ेगा।' और राजू ने तेज़ी से पतलून के पाइंचे ऊपर खींचे थे, चप्पलों को घसीटा था और कमरे के बाहर निकल गए थे।

'अरे यार, उठ भी जाओ,' रात को किसी समय राजू ने कहा था। जाने किस समय वह वापस कमरे में आकर लेटे थे और अब मुझे जगा रहे थे। फिर उन्होंने किसी बात का इन्तज़ार नहीं किया था। मैं उसी तरह लेटी रही थी और उन्होंने मुझे बाँहों में कस लिया था। उनके शरीर में तनाव था, उनके होंठ मेरे होंठों से मिले थे। उनका सिर मेरे वक्ष में धँसा हुआ था और शरीर! राजू बिना मेरी प्रतीक्षा किए अपनी दशा में निकल गए थे। कुछ ही क्षणों में उनका शरीर बेजान-सा हो गया था और वह मुझे छोड़कर अलग हट गए थे। फिर कुछ क्षणों बाद ख़र्राटों की आवाज़...।

उस समय अँधेरा ही था। लेकिन अँधेरे को देखकर भी तो रात के पहरों का अन्दाज़ा लगाया जा सकता है। शाम का अँधेरा कुछ और होता है, गहरी होती रात का कुछ और। और रोशनी होने से काफ़ी पहले मगर सुबह के पास का अँधेरा—वह अलग होता है। इस अँधेरे में एक अजीब-सी बेचैनी की कैफ़ियत होती है। जैसे कभी-कभी बिजली के तारों को साधे खड़े खम्बों में से अजीब तरह की आवाज़ें आती हैं—अजीब तरह की बेचैनी में डूबी गुनगुनाती-सी आवाज़। सुबह के अँधेरे में भी शायद कुछ ऐसा ही होता है। मैं चुपचाप उस अँधेरे में, जो रोशनी होने के एक क्षण पहले तक गहरे से और ज़्यादा गहरा होता जाता है, यहाँ तक कि एकदम रोशनी फैलने लगे, राजू के बाजू में लेटी रही थी। जाने क्यों, इस समय उनके खर्राटे मेरे कानों तक पहुँचकर भी नहीं पहुँच रहे थे।

मैं उठी थी और अपनी वार्डरोब तक गई थी। साड़ियों को इधर-उधर किया था। लाल पेपर में फीते से लिपटा वह डिब्बा। 'मैनी रिटर्न्स ऑफ़ द डे, एस. रिज़्वी।' सोने की जंज़ीर और उसमें टँका हुआ एक बड़ा-सा लाल पत्थर। मैं देखती रही थी। उस पत्थर को मुट्ठी में भींचकर महसूस किया था। एक सर्द-सा टुकड़ा मेरी हथेली में चिपक-सा गया था।

फिर मैंने उस फीते को, उस लिपटे हुए काग़ज़ को और उस चिट—'मैनी रिटर्न्स...' को अलग किया था। किचिन में गई थी, और अँगीठी में उन्हें डालकर आग लगाई थी। धीरे-धीरे, पहले काग़ज़ जला था, फिर फीता, चिट और डिब्बा। डिब्बा केवल काला हो गया था, जला नहीं।

जब मैं किचिन के बाहर निकली थी तो आकाश मटमैला होने लगा था।

उधर मम्मी की तरफ़ से जागे हुए लोगों की आवाज़ें सुनाई दे रही थीं। सुनील जीजाजी घर में सबसे पहले जागते थे। सुबह की चाय वही बनाते थे। उषा दीदी को पिलाते थे और फिर अपने कामों में व्यस्त हो जाते थे।

मैंने सोचा, जाने इस समय वह क्या कर रहे होंगे? और अन्दर आकर पलंग पर गिर गई। कुछ ही पल में मेरी आँख लग गई थी।

ग्यारह

समय बीतता गया था।

राजू की हर शाम इस उम्मीद पर शुरू होती कि कल ज़रूर कुछ हो जाएगा, और सुबह होने से पहले ही वह हताश हो जाते।

'असल में यह सब कभी किया हो तो जानें!' वह बहुत उदास भाव से कहते। 'और चलो, अगर कोई रास्ता नज़र आ रहा हो तो कोई बात है। इस वक़्त तो जिधर देखो, जंगल-ही-जंगल नज़र आता है। तुम बताओ—नहीं, एक बात है : तुम्हीं बताओ, मैं क्या कर सकता हूँ?'

कुछ दिनों बाद रेफ़्रिजरेटर नारायण के यहाँ चला गया था। फिर एक दिन राजू ने रिकॉर्ड और रिकॉर्ड-प्लेयर समेटा था। उस वक़्त वह कुछ ज़्यादा ही सीरियस हो गए थे। गानों से राजू को बहुत लगाव था—हलकी-हलकी रोशनी, मद्धम स्वरों में बहता संगीत, मोटे कालीन, हवा में हिलते पर्दे, मैं और तुम, यह राजू का आइडिया था—एक ख़ुशगवार ज़िन्दगी का। और संगीत में जैसे राजू बँध-से जाते थे। बिलकुल चुपचाप उँगलियों में दबी हुई सिगरेट और अन्दर की तरफ़ गहरी होती जाती उनकी आँखें। ऐसा नहीं कि राजू संगीत के बारे में जानकारी रखते हों। बस, अच्छा संगीत उन्हें अच्छा लगता था और कुछ क्षणों के लिए वह उसमें खो जाते थे।

'मुझे किसी से ऐसे ही पैसे लेना अच्छा नहीं लगता,' राजू घर से निकलने से पहले एक पल को रुके थे और उन्होंने केवल इतना कहा था। फिर टेप-रिकॉर्डर, कैमरा, उनकी कीमती दूरबीन—सब धीरे-धीरे घर से जाते रहे थे। और घर में ज़रूरत की चीज़ें आती रही थीं।

'नारायण कुछ काम करने के मूड में है,' एक शाम राजू ने कहा था। 'मुझसे कह रहा था, तुम मेरे पार्टनर हो जाओ। तुम्हें कुछ लगाने की ज़रूरत नहीं। मेरे सिर तो वैसे भी बहुत-सी ज़िम्मेदारियाँ हैं। यह काम तुम देखना और प्रॉफ़िट आधा-आधा।'

'नारायण को आपसे इतनी हमदर्दी कैसे हो गई है?'

कुछ क्षण को राजू ने मेरी ओर घूरकर देखा था। फिर टेबल पर रखी काँच की

ऐश-ट्रे उन्होंने उठाकर फेंक दी थी। राजू अपना सिर दोनों हाथों में डालकर टेबल पर ही औंधे हो गए थे।

'तुम यही चाहती हो न, कि मैं पागल हो जाऊँ! अपने कपड़े फाड़ लूँ और सड़कों पर दर-ब-दर भीख माँगता फिरूँ? जो कोई मेरा अच्छा चाहेगा, वही तुम्हें काटने दौड़ेगा। तुम क्या समझती हो, मैं उसके साथ कोठों पर जाता हूँ? औरतों के पीछे मारा-मारा फिरता हूँ? वह अगर मेरा कुछ भला करना चाह रहा है तो इसमें तुम्हारा क्या बुरा है? हज़ार बार समझाया कि हमारी दोस्ती को तुम नहीं समझोगी। और फिर दोस्ती-वोस्ती गई भाड़ में, तुम्हीं कोई रास्ता बताओ—मैं तैयार हूँ करने को।'

मैंने राजू से यही कहा था कि वह कोई काम करे जिसमें कमाई बेशक बहुत ज़्यादा न हो, लेकिन हम लोग इज़्ज़त से रह सकें। यूँ इस तरह नारायण या उनके घरवालों से मिलते मुझे छोटेपन का एहसास होता है। कल जो हमारी बराबरी के थे, उनको एकदम दाता मान लेना कम-से-कम मेरे बूते में नहीं था।

'ऐसा कोई काम तुम्हीं सुझाओ!' बाद में राजू ने समझाने के अन्दाज़ में कहा था। 'देखो, तुम तो कुछ समझती नहीं हो, मैं अपने नाम से तो कुछ करने से रहा। पैसा! और पैसा अगर हो भी तो मार्केट वाले? अभी कुछ दिनों तो इसी तरह गाड़ी चलानी पड़ेगी। यार, कम-से-कम रोज़ का ख़र्चा तो चलाना है, आराम-वाराम की बाद को सोची जाएगी। और वह तो सिर्फ़ नारायण की वजह से है, जो यह सब उधारवाले चुप बैठे हैं, वरना सालों ने जेल भिजवा दिया होता। आख़िर तुम्हें उसमें ऐसी क्या बुराई नज़र आती है? वह तो शरीफ़ आदमी है। समझ में नहीं आता?'

घर में खाने-पकाने के नाम पर अब एक बार चूल्हा जलने लगा था। राजू बराबर नारायण के यहाँ जाने लगे थे। फ़िलहाल वह उनकी दुकान पर ही बैठ रहे थे और हम लोगों के छोटे-छोटे ख़र्चे भी किसी तरह चलने लगे थे। नारायण अब हमारे घर बहुत कम आने लगा था। पहले जो राजू और नारायण के पीने-पिलाने के प्रोग्राम होने लगे थे अब उनमें एकदम कमी आ गई थी। नारायण आता भी तो राजू को लेने या वापस छोड़ने। घर के अन्दर आना उसने ख़ुद ही कम कर दिया था।

'यार, तुम जानते तो हो!' मैं राजू को कहता हुआ सुन सकती थी, 'कितनी बद-दिमाग़ औरत है। अरे, अब तुम तो जानते हो हमारी मम्मी और दीदी! बेचारी न किसी के लेने में, न देने में, अपने काम से काम है। अरे, जिसकी ऐसे लोगों से नहीं बनी...! अब छोड़ो। बताओ, उसे तुमसे क्या मतलब है? तुम मेरे दोस्त हो, हमारे आपसी ताल्लुक को हम ही समझ सकते हैं, वह क्या जाने? यह मैं हज़ारों बार समझा भी चुका हूँ, लेकिन...,' और राजू नारायण की ओर झुके होंगे, 'लेकिन पता नहीं, वह चाहती क्या है? यह तक उसे अच्छा नहीं लगता कि मैं किसी से

हँसकर बोलूँ। नहीं, प्यार तो ख़ैर करती है। यार, वह बहुत पजेसिव है। अब आजकल देख लो—मेरा ज़्यादा समय तुम्हारे साथ बीतता है, इसलिए तुम्हारी बात भी करो तो खाने को दौड़ती है। या पहले, यही तुम थे और बात-बात की तारीफ़।'

बहरहाल, राजू नारायण का इन्तज़ार करते और वह राजू को घर से लेता हुआ दुकान जाता—कभी स्कूटर पर, कभी कार से। वह बाहर से ही हॉर्न बजाता और राजू को लेकर चला जाता। उसका स्कूटर भी बराबर राजू की सर्विस में रहता और दोपहर का खाना खाने राजू ज़्यादातर स्कूटर पर ही घर आते। घर आते हुए, कभी-कभी राजू को देर भी हो जाती, लेकिन वह पूरी कोशिश यही करते कि खाने के समय घर पहुँच जाएँ।

'तुम तो जानती हो,' राजू जिस दिन ज़्यादा लेट हो जाते या कभी-कभार अगर दोपहर को नहीं पहुँच पाते तो कहते—'अरे यार, वही नारायण का चक्कर! पकड़कर साथ ले गए, ऑफिसों के काम थे, साले ने न ख़ुद खाया, न मुझे खाने दिया। तुमने तो खा लिया था न?' राजू पूछते, यह अच्छी तरह से जानते हुए कि मैं उनका इन्तज़ार करती रहती थी, और उनके न आने का मतलब मेरा भूखा रहना होता था।

खाना घर में केवल दोपहर को पकता था। दोनों वक़्त की रोटियाँ मैं इकट्ठे डाल लेती और शाम के खाने की छुटपुट चीज़ें राजू अक्सर होटल से लेते हुए आते। कभी सीख़ के क़बाब, कभी पसन्दे, कभी-कभी तंदूरी मुर्ग़ा भी। 'अगर पका नहीं सकते, तो क्या खा भी नहीं सकते?' वह बड़ी शान से कहते। दिनभर के थके होने के बावजूद वह टेबल अपने हाथों से लगाते और मुझे और अंशुल को मजबूर कर-करके खिलाते।

उस दिन राजू दोपहर को घर नहीं आए थे। अंशुल सो गया था और मैं कोई किताब लिए घंटे गुज़ारती रही थी। बहुत दिन बाद आसमान एकदम खुल गया था और चिलचिलाकर धूप निकल आई थी। दोपहर गुज़री थी। कोई तीन बजे मैंने दुकान पर फ़ोन किया था। राजू नारायण के साथ कहीं गए थे। फिर मैंने अपने लिए चाय बनाई और सुमन को आवाज़ देकर होटल से कुछ समोसे मँगाए। तभी राजू का फ़ोन आया था।

'सुनो, मुझे देर हो गई। कुछ लोग आ गए हैं बाहर से। तुम ऐसा करो—क्या खाना खा लिया तुमने? यार, कितनी बार तुम्हें समझाया है। अच्छा, आप फ़ौरन खाना खाइए। मैं शाम को जल्दी आ जाऊँगा।'

टेलीफ़ोन रखने के बाद मैंने चाय पी, और जब अंशुल जागा तो उसे लेकर यूँ ही घर के बाहर निकल गई। टहलते हुए मैं दूर तक निकल गई।

दूर पहाड़ पर से बहता पानी तेज़ धूप में चमक रहा था और इतने दिनों के पानी में ही ज़मीन दूर-दूर तक हरी हो गई थी। अंशुल मेरे आगे-आगे चल रहा था और मैं रह-रहकर उसे थाम लेती थी।

चन्द दिनों में हमारे घर का फ़ोन कट जाएगा, मैंने सड़क के किनारे लगे खम्बों को देखकर सोचा था। पिछला बकाया।

'नारायण के एक जाननेवाले को लाइन की ज़रूरत है,' राजू ने मुझे बताया था। 'और अपने लिए तो वैसे भी यह अब बेकार है। जब ज़रूरत होगी तो लगवा लेंगे। डायरेक्ट्री में नाम तो अपना ही रहेगा, बस, लाइन उसके यहाँ चली जाएगी। वह बक़ाया भी पे करेगा और...,' राजू एक पल को रुके थे। 'नारायण कह रहा था कि—ही विल पे समथिंग टु अस आलसो।'

वैसे भी टेलीफ़ोन ही अब शायद अकेली ऐसी चीज़ रह गई थी जो हमें अभी तक अपने अतीत से जोड़ती थी। यूँ ही हो जाए। सारे सम्बन्ध एक बार बिलकुल ही ख़त्म हो जाएँ। उसके बाद? हाँ, उसके बाद कुछ नहीं तो हमारे आगे एक रास्ता तो होगा। यों जिधर हम बढ़े जा रहे हैं, वह राह का एक ऐसा हिस्सा था, जिसे ज़्यादातर लोग किसी-न-किसी मोड़ का सहारा लेकर बचा जाते हैं। अगर हम मुड़ नहीं सकते तो...मैंने बिलकुल प्रार्थना के भाव से सोचा था, तो हम इस रास्ते को छोड़ दें। हम क्यों नहीं छोड़ सकते?

सामने से एक आदमी बहुत सारे खिलौने एक बाँस के सहारे टाँगे आता दिखाई दिया था। लकड़ी का बुरादा भरे तोते, चक्रियाँ, फिर्कियाँ, रबर धागों के सहारे झूलती गेंदें। और अंशुल! अंशुल सड़क पर रुककर उसकी ओर देखने लगा, यहाँ तक कि वह आदमी आवाज़ें लगाता हमारे पास से गुज़र गया।

छः बजे थे। सात। आठ। बारह।

मैं भूख से बिलकुल बेदम हो गई थी। किचिन तक जाकर वापस आती हर नज़र के साथ मैं और ज़्यादा थकती गई थी। दोपहर की बनी चपातियाँ और तूअर की दाल। शाम को किसी समय हमारी पुरानी नौकरानी सक्को घर आई थी, शायद अपने कुछ बक़ाया पैसे लेने। पैसे तो मैं उसे नहीं दे पाई थी, हाँ, सारा साग उसके हवाले कर दिया था। इस मौसम में बासी साग खाना वैसे भी ठीक नहीं। शायद राजू बाज़ार से कुछ लेते हुए आएँ। और नहीं, तो भी हम लोग ऑमलेट बनाकर खा सकते थे। अगर राजू जल्दी आ गए तो पास ही से सब्ज़ी ख़रीदकर लाई जा सकती थी। तब भी जबकि घर में गैस नहीं है और जो कुछ भी पकाना होता है, वह केरोसीन के चूल्हे पर पकता है। फिर भी...।

कभी, बहुत पहले भी मेरे साथ ऐसा हुआ था। भूख से लड़ते-लड़ते मैं जाने कैसे सो गई थी और फिर जब बहुत रात गुज़री मेरी नींद टूटी थी तो पहले तो मैं समझ ही नहीं पाई थी कि कहाँ हूँ; क्या हो रहा है। फिर थोड़ी देर बाद जैसे सारी बेचैनी मेरे पेट के बीच धीरे-धीरे सुलगते एक अंगारे में केन्द्रित हो गई। अंगारा, जो लगता था, रह-रहकर दहक रहा हो। सारा शरीर सुन्न पड़ गया था और कनपटियों में दिल की धड़कन न केवल सुनाई दे रही थी, महसूस भी की जा सकती थी। इस

बार आँख खुलने पर सबसे पहले मेरी नज़र घड़ी पर गई थी। सवा दो! और जाने क्यों ऐसा लगा था कि मेरे सोने के बीच ही राजू आ गए होंगे और आकर सो गए होंगे। नज़र के खाली बिस्तर से लौटने के पहले ही मुझे याद आया कि दरवाज़ा अन्दर से बोल्ट है और हो सकता है, राजू घंटी बजा-बजाकर थकने के बाद... ! हो सकता है, वह मम्मी के इधर... ! मैं बहुत तेज़ी से बिस्तर छोड़कर दरवाज़े तक आई थी—बाहर सन्नाटा था—सन्नाटा और चाँदनी। मैं कुछ देर अपने दरवाज़े को पकड़े ठिठकी-सी खड़ी रही थी। मम्मी की तरफ़ अँधेरा था, जैसे सब घंटों से बेख़बर सो रहे हों! फिर उसी तरह, नंगे पैर, पंजों के बल चलती मैं मम्मी के दरवाज़े तक पहुँची थी और उसे हिलाकर देखा था—अन्दर से बन्द था। फिर मैंने दरवाज़े पर कान लगाकर सुना था, अन्दर किसी भी तरह की आवाज़ सुनाई नहीं दी थी। दरवाज़े को मैंने हौले-हौले खटखटाया था। इतना कि कोई जाग रहा हो तो सुन ले। मुझे यक़ीन था, अगर राजू मम्मी के यहाँ ही थे तो इस समय सो नहीं सकते थे। सब वैसा ही रहा था। न कोई दरवाज़े तक आया, न दरवाज़ा खुला। राजू अभी नहीं आए। मुझे जाने क्यों यह विश्वास हो गया।

वापस आते-आते मुझे भूख की कमज़ोरी मालूम होने लगी थी। मगर इतनी रात तक? मेरी कुछ समझ में नहीं आया। मैं क्यों इस तरह भूखी रहूँ? जाने कहाँ से यह सवाल आकर मेरे भीतर अंकित हो गया था। फिर एकाएक ही लगा, खाना खाने के समय को बहुत देर हो चुकी है। मैं और कुछ नहीं, केवल उस क्षण का इन्तज़ार कर रही हूँ जब राजू आएँ और मुझसे पूछें—तुमने खाना खा लिया? और मैं चुपचाप, किसी ओर खोई नज़रों से देखती रहूँ, कुछ जवाब न दूँ। और राजू शर्मिन्दा हो जाएँ। माफी माँगें, अपने हाथ से खाना लगाकर मुझे खिलाएँ और मुझे यह यक़ीन दिलाते जाएँ कि अब ऐसा नहीं होगा, कभी नहीं।

सन्नाटे में कोई कार आकर रुकी थी। एक पल की ख़ामोशी के बाद किसी ने हॉर्न बजाया था, फिर दूसरी बार।

'राजू...ऐ...राजू!' नारायण की आवाज़।

कम्पाउंड में फैली चाँदनी में नारायण की लम्बी काली कार की आकृति साफ़ दिखाई दे रही थी और कार के अन्दर की लाइट्स जल रही थीं।

'उठो यार, राजू...' नारायण राजू को, जो कार की पिछली सीट पर फैले पड़े थे, हिलाकर कह रहा था।

नारायण की आवाज़ में वैसा ही हलकापन था, जैसा आमतौर पर ज़्यादा शराब पीने के बाद लोगों की आवाज़ में आ जाता है। वह एक ख़ास लापरवाही, आराम का-सा अन्दाज़।

'ज़रा हाथ लगाओ...,' नारायण ने मुझे सम्बोधित करते हुए कहा था। 'कुछ ज़्यादा पी ली है। आज क्लब की सालाना मीटिंग थी, और..., ज़रा हाथ लगाओ। अकेले मुझसे नहीं उठेगा...। राजू...अरे यार, तुम तो आफ़त हो गए! अरे उठ भाई...'

मैं राजू को उठवाने के लिए आगे बढ़ी थी। राजू बिलकुल बेख़बर सो रहे थे—वहाँ पिछली सीट पर।

'ज़रा अलग होइए,' मैंने नारायण से कहा जो कार के अन्दर जाने का रास्ता रोके खड़ा था, राजू की ओर झुके हुए। उसने मेरी कही अनसुनी कर दी थी और मैं किसी तरह अन्दर घुसी थी। अन्दर घुसते हुए मुझे ऐसा लगा था, जैसे नारायण मेरे सारे शरीर को सूँघने की कोशिश कर रहा है।

'उठाइए न...,' मैंने उसकी ओर मुड़कर कहा था।

राजू का आधे से अधिक वज़न शायद मैं ही साधे रही थी और पूरे समय नारायण का राजू की कमर के गिर्द का हाथ कहीं मेरी साड़ी और ब्लाउज़ के बीच के नंगे शरीर से चिपककर रह गया था। बमुश्किल राजू को मसहरी तक ले जाया गया था और इस बीच रह-रहकर नारायण के हाथ और उँगलियों को मैं अपने शरीर के अलग-अलग हिस्सों पर महसूस करती रही थी—कमर, कूल्हों, सीने, पीठ—जैसे सब अनजाने में ही हो रहा हो!

'कोई परेशानी की बात नहीं,' नारायण ने हाथ झाड़ते हुए कहा। 'बस, थोड़ी ज़्यादा हो गई है। दरअसल, मैं इलेक्शन में खड़ा हुआ था—फॉर दि क्लब-सेक्रेटरी। जीत की ख़ुशी में...। सारे शहर के रईस, धन्धे वाले लोग—बड़ा मज़ा आया। राजू या तो पट्ठा पी ही नहीं रहा था, या इतनी पी डाली कि उलट ही गया। कार में बिठाना भी मुश्किल हो गया। पता नहीं, किस-किस को क्या-क्या कहता रहा!

कुछ रुककर नारायण ने राजू की ओर देखा और फिर मुझसे पूछा था।

'इफ़ यू डोन्ट माइंड, मैं बैठकर एक सिगरेट पी सकता हूँ?' और बिना मेरे जवाब का इन्तज़ार किए नारायण ने पास ही कुर्सी पर बैठकर सिगरेट जलाई थी।

मैं वहीं राजू के पास पलंग पर बैठी उनकी पीठ सहलाती रही थी।

'सिर्फ़ सो रहा है,' उसने फिर मुझसे कहा था। 'डोन्ट डिस्टर्ब हिम...चलो, हम लोग ड्राइंगरूम में बैठते हैं।'

न चाहते हुए भी मैं नारायण के पीछे-पीछे ड्राइंगरूम तक आई थी और आकर सबसे पहले मैंने कमरे की मेन-लाइट्स का स्विच ऑन किया था। तेज़ रोशनी में नारायण के चेहरे पर एक लम्हे को नागवारी का भाव तैरा, फिर दूसरे ही पल शायद नशे की दरियादिली में वह उसे अनदेखा कर गया। फिर उसने उठकर ख़ुद ही बेडरूम और ड्राइंगरूम को जोड़ते दरवाज़े का पर्दा खींच दिया।

'रोशनी अन्दर जा रही है,' उसने आराम से कहा। 'अभी जाग गया तो परेशान

कर डालेगा।' फिर वह कुर्सी पर वापस आकर बैठ गया था। 'पुरानी बिगड़ी हुई आदतें हैं, तुम तो जानती हो—ही इज एन ओवरग्रोन किड...'

नारायण की यह ख़ास आदत थी। यह जानकर कि मेरी ज़्यादा स्कूलिंग इंगलिश में हुई थी और मुझे अंग्रेज़ी बोलते देख, उसने मेरे सामने अंग्रेज़ी का ज़्यादा-से-ज़्यादा प्रयोग एक नियम बना लिया था।

'ये नारायण मेरे सामने इतनी इंगलिश क्यों बोलते हैं?' मैंने राजू से पूछा था।

'क्यों?' चाहते हुए भी राजू अपने चेहरे पर आप ही आ गई हलकी-सी मुसकान को नहीं दबा सके थे।

'क्यों क्या? अगर ठीक से अंग्रेज़ी नहीं बोल सकते तो ज़रूरत क्या है अपना मज़ाक बनाने की?'

राजू थोड़ी देर चुप रहे थे, उसके बाद उन्होंने बताया था कि नारायण को बचपन से ही अंग्रेजी पढ़ने और बोलने का भूत सवार रहा है। मगर क्योंकि उसकी शिक्षा हिन्दी स्कूल में हुई, इसलिए, सिवाय इसके कि अंग्रेजी की जासूसी किताबें पढ़कर उसने कुछ फ़िक़रे और सलेंग्स रट लिये हैं, जिन्हें वह मौक़े-बेमौक़े इस्तेमाल करता रहता है। और वह भी इसे सही तौर पर उच्चारण नहीं कर पाता।

'अब है अपना-अपना शौक़,' राजू ने कहा था। 'वह शायद तुम्हारे सामने अपने आपको पढ़ा-लिखा साबित करना चाहता है। इसलिए कि तुम सुन लेती हो। सुधा—नारायण की पत्नी, वह तो मुँह पर ही मज़ाक उड़ा देती है।'

नारायण कुर्सी पर बैठा मुँह से धुएँ के छल्ले बनाने की कोशिश कर रहा था। 'तुम दोनों को,' उसने कुछ ठहरकर कहा था, फिर मेरी ओर देखकर बोला था—'तुम वहाँ इतनी दूर क्यों बैठी हो? आओ, यहाँ पास आकर बैठो।'

और इससे पहले कि मैं कुछ सोच पाती, नारायण ख़ुद उठकर मेरे पास आ बैठा था।

'मैं जाने क्या कह रहा ..हाँ! तुम दोनों को इकट्ठे देखकर लगता ही नहीं कि ये लोग आपस में इतना लड़ते-झगड़ते होंगे। वैसे मैं समझता हूँ...,' नारायण कुछ क्षणों के लिए चुप होकर सोचता रहा था—'राजू की हरकतें होती भी अजीब हैं। मैं तो पहले भी सोचता था कि किसी औरत से इसका निबाह होना कितना मुश्किल होगा। अपने बिहेवियर में भी, इफ़ आई एम नॉट रांग, ही इज़ क्वाइट सिसी (अगर मैं ग़लत नहीं तो वह ख़ासा नामर्द है)' और नारायण ने मेरा हाथ अपने हाथों में ले लिया था। 'लेकिन अब तुम लोगों का घर है, बच्चा है, इतने तमाशे की क्या ज़रूरत

है? उसे तो तुम जानती हो, हर एक के सामने रोना रोता रहता है। बदनामी तुम्हारी होती है और...' नारायण ने बहुत भावपूर्ण आवाज़ में कहा था—'दुख मुझे होता है। हाँ, हाँ, मैं किसी से कहता नहीं, लेकिन तुम्हें इस हालत में देखकर मुझे दुख होता है। अगर तुम समझदारी से काम लो तो, दियर इज आलवेज अ वे आउट—अ सेफ वे, अ पोलिटिकल वे...' उसने आवाज़ को बिलकुल धीमे करते हुए लगभग मेरे कान में कहा था—'मैं हूँ—तुम्हें ख़ुश देखकर सोचो, मुझे कितना अच्छा लगेगा और राजू कुछ सोच भी नहीं पाएगा। तुम लोगों के रोज़ के झगड़े भी ख़त्म हो जाएँगे और फिर शायद राजू भी इधर से बेफ़िक्र होकर कुछ कर पाए।'

'आप मेरे लिए एक काम कर सकते हैं?' मैंने अपनी आवाज़ से किसी भी तरह का भाव न दर्शाने का प्रयत्न करते हुए कहा था।

'एक शर्त पर...,' नारायण ने मेरे हाथों को ज़ोर से दबाते हुए कहा था—'तुम मेरी शर्त समझती हो—बस, वन्स इन अ व्हाइल...' उसने अपना माथा मेरे कन्धे पर टिकाने की कोशिश करते हुए कहा था। 'और फिर इसमें ऐसी बुराई भी क्या है? दुनिया में ऐसा ही होता है। हम लोग कोई दुनिया से अलग तो नहीं? हाँ, तुम किसी काम का कह रही थीं?'

नारायण के दोनों हाथ मेरे शरीर पर आज़ादी से चलने लगे थे। पीछे ब्लाउज़ के भीतर उसकी उँगलियाँ रेंगने की कोशिश कर रही थीं और उसकी सारी हरकतों में एकदम तेज़ी-सी आ गई थी, जैसे वह बहुत जल्दी में हो!

ख़ुद मैंने भी आवाज़ ही सुनी थी। कमरे की ख़ामोशी में सहसा ही उभरकर ग़ायब हुई तमाचे की आवाज़।

कुछ ही क्षणों में सब कुछ साफ़ हो गया था। नारायण पास ही सोफ़े पर हक्का-बक्का-सा बैठा था और उसकी आँखों की चमक कुछ पल को बेहरकत-सी हो गई थी। उसकी सारी मुद्रा ऐसी थी, जैसे उसे उसी फ्रेम में फ्रीज़ कर दिया गया हो!

मेरी हथेली और उँगलियों में जो सनसनाहट थी, वह धीरे-धीरे कम होती जा रही थी। मेरी साड़ी का पल्ला नीचे फर्श पर पड़ा हुआ था और ब्लाउज़ अस्तव्यस्त हो गया था। पता नहीं, कब सब कुछ हुआ, कैसे हुआ?

बारह

दोबारा मैं राजू की आवाज़ सुनकर चौंकी। वह अन्दर बेडरूम में जागने के बाद आवाज़ें दे रहे थे। मैं ड्राइंगरूम में अकेली थी। नारायण जाने कब चला गया था!

राजू बिस्तर के किनारे बैठे चप्पलें पहनने की कोशिश कर रहे थे। अब भी वह इतने नशे में थे कि पैर से चप्पलें टटोलने में लगे थे, जबकि चप्पलें दूर कोने में रखी हुई थीं। मैंने चप्पलें चुपचाप ले जाकर उनके पैरों के नीचे रख दी थीं।

'कौन?' उन्होंने बन्द आँखें खोलकर मुझे शायद पहली बार देखा था। उनके पास से ही शराब का भभका उठ रहा था।

'कमाल है!' कहकर वह ज़ोर से हँसे थे। 'ये यहाँ कैसे?' वह सोचते हुए खो गए थे। फिर चप्पलें वैसे ही पड़ी छोड़कर वह खड़े हुए थे या खड़े होने की कोशिश में उन्होंने झोंका खाया था—'जरा उठवाना यार,' उन्होंने फिर कहा था। 'साला, गुर्दा फटा जा रहा है!...'

मैं उनको बाथरूम में ले गई थी। ख़ुद दो क़दम चलना भी उनके लिए दूभर हो रहा था।

'तुम चलो, मैं कर लूँगा,' उन्होंने ज़ोर से हाथ हिलाकर मुझसे कहा था और मैं बाथरूम के बाहर खड़ी होकर उनका इन्तज़ार करने लगी थी।

काफ़ी देर तक कुछ भी आहट न सुनाई देने पर मैंने अन्दर झाँका : राजू वैसे ही खड़े हुए थे। फिर मैंने उन्हें पेशाब कराया और वापस मसहरी तक लेकर आई।

'राजू, कैसी तबीयत है?'

'नहीं, कुछ नहीं,' लेटते-लेटते उन्होंने कहा था। 'ज़रा सिर घूम रहा है।' वह दो पल को लेटे रहे, फिर उठकर बैठ गए थे। 'नारायण छोड़कर गया था? कितनी देर हो गई?' और एकदम उनके मुँह में न जाने कहाँ-कहाँ की गालियाँ आ गई थीं। वह हवा में ही पता नहीं किस-किस को सम्बोधित कर-करके गालियाँ दे रहे थे और उसके बाद हँसी का दौरा! राजू बिलकुल दीवानों की तरह आप ही हँसते रहे थे।

'तुम समझती हो, मैं नशे में हूँ।' उन्होंने मेरी तरफ़ अस्थिर नज़रों से देखते हुए

कहा—'तुम्हारी नज़रों को देखकर बता सकता हूँ, तुम ग़लत समझ रही हो।' कहते हुए राजू फिर बिस्तर पर लेट गए और आँखें बन्द कर लीं। 'साले पिस्सू की औलाद, चार पैसे हाथ क्या आ गए, अपने को पुश्तैनी नवाब समझने लगे हैं! क्लब्स के मेम्बर बन गए...कारों पर चढ़ने-उतरने लगे...देखते-ही-देखते जिन्हें कमरबन्द की गाँठ और धोती का पल्लू खोंसना नहीं आता था, आज साले सूट पहनने लगे! नई-नई हज़ारों रंगों की टाइयाँ बाँधने लगे! और साले दारू पिएँगे! जिनकी आँखें पानी एब्सोर्ब करने के क़ाबिल नहीं, साले दारू पिएँगे!...' राजू एक पल को रुककर हँसे और फिर रोकने की कोशिश के बावजूद जैसे उन पर हँसी का दौरा-सा पड़ गया था। 'तुम समझती हो, मुझे ज़्यादा शराब नहीं पीनी चाहिए? नहीं, तुम समझती हो, मैं ज़्यादा शराब पी ही नहीं सकता! क्यों नहीं पी सकता?' वह एकदम चीखे थे, 'बताओ, तुम मुझे क्या समझती हो?' नशे में राजू के गले की ताक़त कई गुना बढ़ गई थी। '...अंशुल? अंशुल क्या मेरा बाप है, जो जब देखो तब उसका नाम लेकर डराती रहती हो? मैं किसी से डरने वालों में से नहीं हूँ...वहाँ! वहाँ जाओ...आज कितनों की नींद उड़ा दी मैंने? ...नारायण से पूछो, सब साले चूहे के बच्चों की तरह बिलों में दुबके पड़े होंगे। बेल टु डू एंड एफ्लूएंट ऑफ़ द सिटी! (शहर के खाते-पीते, खुशहाल लोग!) सेठ-बनिए! इंडस्ट्रियलिस्ट्स! साले किराए के टट्टू! ...लोगों को मिल के बैठने का शौक़ है। बड़े-बड़े महलों में जो अब अँधेरे में डूबे रहते हैं, जिनके सामने से निकलने में कल इनकी आँतें हलक को आती थीं, वहाँ घुसने का शौक़ है! ...उन अँधेरों में ये हरामज़ादे रोशनी करना चाहते हैं! उन लॉनों को जिनकी दूब बह गई, मिट्टी निकल आई है, ये फिर से हरा करके उस पर टेबल्स जमाना चाहते हैं! टेबल्स एंड चियर्स! ख़ामोश दरख़्तों की टहनियों पर सजे बिजली के बल्ब्स और टेबल्स पर जमी हुई क़ीमती क्राकरी, चमकते स्पूंज, नाइव्स, सफ़ेद कपड़े पहने गुलाम, वेटर—यस सर! इनकी तो...! तन्दूरी मुर्ग़े, चाइनीज़ फूड, काकटेल्स! तो फिर...' राजू एकदम दहाड़े थे—'कोई एक माई का लाल ये सब ख़ुद क्यों नहीं करता? कांट्रिब्यूशंस? रहे न, फ़कीर के फ़कीर! मिस्टर नारायण, मिस्टर राजेन्द्र कुमार इज़ योर गेस्ट! ...हाँ, मैं उनका गेस्ट हूँ, पर जाने कितनी बार तुम जैसे कुत्तों का, न जाने कितने तुम जैसे कुत्तों का पेट अकेले मैंने भरा है। तुमने क्या खिलाया था? पन्द्रह तरह की डिशेज थीं, कुछ शराबें थीं, जिनके लिए हर आदमी, एवरी मेम्बर ऑफ़ द क्लब विल पे हिज इन्स्टालमेंट एंड ऑलसो हिज गेस्ट! (क्लब का हर सदस्य अपना और अपने मेहमान का बिल अदा करेगा!) मैंने किया है...एक-एक डिनर पर आठ-आठ, दस-दस हज़ार का बिल अकेले मैंने फुट किया है। सब कमीने उन दिनों को भूल गए...! पूछते हैं कि मैं किसका गेस्ट हूँ! ...मैं किसका गेस्ट हूँ...,' और राजू एकदम किसी बच्चे की तरह बिलख पड़े थे। वह फूट-फूटकर रो रहे थे और ऊँची आवाज़ में जाने क्या-क्या कह रहे थे।

थोड़ी देर बाद राजू तकिए में ही मुँह दिए हुए सो गए थे। कमरा फिर ख़ामोश था। सिर्फ़ कुछ-कुछ समय के बाद राजू की सिसकी ख़ामोशी में उभरती थी और अँधेरे में डूब जाती थी।

सहसा मैं किसी तकलीफ़ से बेकल हो उठी थी। कुछ ही क्षणों में मुझे लगा था, वह तकलीफ़ राजू की तकलीफ़ का मेरा हिस्सा नहीं थी। न वह उस क्रोध का ही अंश थी जो कुछ क्षणों को नारायण के लिए मेरे भीतर उबला था। इस अँधेरे और ख़ामोशी में उन तमाम चीज़ों को मैं जैसे अलग खड़े होकर देख सकती थी। यह तकलीफ़ मेरे अपने अस्तित्व का एक अंश थी। मुझे बेचैन किए डाल रही थी।

कल तक, मैंने हाँफते हुए-से सोचा था, कल सबेरे तक मुझे भूखे जागना है।

तेरह

अगली सुबह नई दिनचर्या से शुरू हुई थी। मैं थकी-हारी-सी बिस्तर पर पड़ी थी और उजाला फैलने के साथ ही राजू जाने कैसे जाग गए थे! उन्होंने चाय बनाई और मुझे बिस्तर पर ही आवाज़ दी थी, जैसे मैं सो रही हूँ!

'यार, रात कुछ पता ही नहीं,' उन्होंने अपनी ख़ास शर्मिंदा-सी मुसकान के साथ मेरे पास बैठते हुए कहा था—'क्या नारायण छोड़ गया था?'

फिर थोड़ी देर चुप रहने के बाद...

'सिर भारी हो रहा है। अब तुम तो ख़ैर मानोगी नहीं, मैं कितना मना करता रहा। मैं तो क्लब जाना ही नहीं चाह रहा था, वह साला माना ही नहीं। फिर शराब...मैं बराबर कहता रहा कि मुझे पीने पर मजबूर मत करो, मैं बहक जाऊँगा। नहीं माने साले। जाने क्या-क्या कर गया होऊँगा! किस-किस से क्या-क्या कह दिया होगा...'

फिर जल्दी-जल्दी राजू ने ही सुबह का नाश्ता तैयार किया था। पराँठे तले, ऑमलेट बनाई और इस तरह मुझे खिलाने-पिलाने की कोशिश करते रहे, जैसे छोटे बच्चे नाराज़ बुज़ुर्गों को मनाते हैं। फिर नहाने-धोने के बाद उन्होंने नारायण का इन्तज़ार किया। वह नहीं आया था तो राजू ने फ़ोन करने के ख़याल से रिसीवर उठाया था और फिर कुछ सोचकर वापस रख दिया था।

फिर उस दिन राजू दुकान पर गए ही नहीं थे। दोपहर को थोड़ी देर के लिए वह घर से ग़ायब हुए और लौटे तो क्वालिटीज से खाने के थैले लिये। और अंशुल के लिए बहुत सारी केडबरीज़ की टॉफ़ीज और बिस्कुट्स।

दोपहर के खाने के बाद...

'यार, तुम बहुत थकी-थकी-सी लग रही हो! क्या बात है? लाओ, तुम्हारे हाथ-पैर दाब दूँ।'

और राजू मेरे पैर दबाते रहे थे—मेरे हज़ार मना करने के बाद भी।

अगले दिन भी नारायण नहीं आया था, तो राजू बस से दुकान पर गए थे और फिर दोपहर को ही कोई उन्हें स्कूटर पर छोड़ गया था।

'क्या नारायण थे?' जाने किस विवशता के कारण मैंने पूछा था।

'नहीं,' राजू के कहने के अन्दाज़ में थकन थी। फिर कुछ देर बाद वह बोले थे—'लगता है, कोई नारायण से मेरे सम्बन्ध ख़राब कराना चाहता है।'

मैं चुपचाप सुनती रही थी। कुछ क्षणों बाद वह फिर बोले थे—'साले को पता नहीं, क्या हो रहा था आज? कल से मैं भी नहीं जाऊँगा,' कहते हुए राजू के स्वर में थकन का भाव और भी गहरा हो गया था।

मगर अगली सुबह नारायण आ गया था। घर के अन्दर तो वह नहीं आया, बाहर ही दोनों में काफ़ी देर तक पता नहीं, क्या बातें होती रहीं और अंततः राजू नारायण के साथ चले गए थे। और फिर उसी शाम वापस आकर राजू ने कहा था—'नहीं यार, नारायण के बारे में मेरा ख़याल ग़लत था।'

'कैसा ख़याल?' मैंने आप ही आप पूछा था।

'यही कि...। अब छोड़ो। लेकिन वह ऐसा है नहीं। असल में उस दिन, परसों दोपहर को मुझसे बिलकुल इस तरह बोला, जैसे मैं उसका दो पैसे का ग़ुलाम हूँ। मैंने कहा कि बात किससे कर रहे हो? तुम क्या समझते हो कि तुम्हारे चन्द रुपए इधर-से-उधर करके मैं अमीर हो जाऊँगा। और चलो, मैं कहता हूँ, मैंने तुम्हारे पैसे इधर-से-उधर किए, कर लो जो तुमसे बने। तुम्हें शर्म नहीं आती, इतनी घटिया बात करते? और उसके कुछ बोलने से पहले ही मैं दरवाज़ा ज़ोर से बन्द करके निकल आया। फिर एक पहचानवाले इधर आ रहे थे, उनसे कहा, मुझे घर ड्रॉप कर दें। आज माफ़ी माँग रहा था कि मेरा मतलब वो नहीं था। मैंने कहा—चलो, भूल जाओ, कभी-कभी न चाहते हुए भी बेवकूफ़ी हो जाती है।'

बहरहाल, नारायण की ओर से राजू का दिल फिर से बिलकुल साफ़ हो गया था, बल्कि मुहब्बत कुछ और बढ़ ही गई थी। नारायण के लिए वह मेरे मुँह से भी कुछ बुरा सुनना पसन्द नहीं करते थे।

मुझे इसका अन्दाज़ा नहीं हो पाता था कि कुल आमदनी कितनी है। राजू की सारी आमदनी का ज़रिया नारायण ही बना हुआ था। हम लोगों का खाना-पीना, अंशुल का ख़र्चा—सब कुछ उसी से पूरा हो रहा था। इस बीच मम्मी ने भी अपनी ओर से कुछ पैसे राजू को दिये थे। राजू ने न केवल मम्मी की ओर जाना बन्द कर दिया था, वह सम्भवतः कोशिश यही करते थे कि उनका मम्मी से सामना ही न हो।

'मैं बाहर निकल रहा था कि मम्मी ने आवाज़ दी,' राजू ने बताया था। 'क्या पता, दरवाज़े के पास खड़ी क्या कर रही थीं! मैं तो यार, एकदम...ये इतने-से दिनों में मम्मी क्या हो गईं!' राजू सिर पकड़कर बैठ गए थे। 'मन से तो यह पिताजी की मौत के बाद ही अजीब हो गई थीं, बिलकुल चुप—न बोलना, न मिलना-जुलना। दिल चाहा तो ख़ूब हँस भी ली, नहीं तो दीदी के बच्चों तक की ठुकाई... मगर अब तो...,' वह एक पल को चुप हुए थे। 'ख़ैर, मम्मी ने ये पैसे दिये हैं और

कहा है कि जब तक मैं कुछ कर नहीं रहा, बाहर की दुकानों का किराया मैं ले लिया करूँ।'

शुरू में परिस्थितियों के बदलने के कारण जो शर्म का अन्दाज़ राजू की रोज़ की ज़िन्दगी में रहने लगा था, उससे मुक्ति पाने में वह अब काफ़ी हद तक सफल हो गए थे।

'यार, क्या बात है? यू आर लुकिंग ऑफ़ डिफ्रेन्ट...' उस शाम राजू ने मुझसे कहा था।

मेरा दिनभर बल्कि पिछले तीन दिन एक प्रकार के मानसिक तनाव में बीते थे।

'लगता है, सारी मुसीबतें इकट्ठे टूट पड़ी हैं,' मैंने अपनी ओर से पूरी-पूरी सहजता से बात करने की कोशिश की थी।

'क्यों? बात क्या है?' राजू एकदम चौकन्ने हो गए थे। 'क्या पूना से कोई चिट्ठी आई है?'

'ख़ैर, वह तो आई ही है। पप्पू की चिट्ठी थी। कुछ नहीं, वही हो रहा है जिसकी उम्मीद थी। उस लड़की जमीला की शादी तुम्हें मालूम तो है, उसका कज़न है, उससे तय थी। जमीला की शादी उसके घरवाले जल्द-से-जल्द कर रहे हैं। फ़िलहाल उसे पूना से लखनऊ भेज दिया है, उसके मामा के यहाँ। शी हैज रिटन अ लेटर टु पप्पू। यही कि यह नहीं हो सकता। ही मस्ट वेट फॉर हर और वही सब कुछ—द क्रेजी लॉट दे आर। (जिस तरह के दीवाने वह हैं।)

राजू बहुत ग़ौर से सब कुछ सुन रहे थे और उत्साहपूर्वक 'अच्छा-अच्छा' कर रहे थे।

'तो फिर?' उन्होंने बेचैनी से पूछा था। 'अब क्या होगा?'

'गॉड नोज़!' मैंने बात को ख़त्म करने के-से अन्दाज़ में कहा था। 'मैं तो पप्पू के मामले में न बोलने का बहुत पहले तय कर चुकी हूँ। वह परवाह किसकी बात की करता है और जमीला! सब कहने की बातें हैं। कल शादी हो जाएगी, पति के साथ स्टेट्स चली जाएगी, पप्पूजी आँसू पोंछते रह जाएँगे। और फिर पप्पू हैज नाट फॉलिन इन लव फार द फर्स्ट टाइम। इट इज हिज हॉबी।'

बहरहाल, राजू को सोचने के लिए कुछ मिल गया था। उनके हाथ में अख़बार था, लेकिन मुझे मालूम है, उनका दिमाग़ वहीं उलझा हुआ था—पप्पू और जमीला में।

'सुनो,' मैंने राजू की कोहनी पकड़कर हिलाते हुए कहा था।

राजू एकदम उछलकर बोले थे—'हाँ, क्या है?'

'सुनो, आई हैव वेटेड फॉर...फाइव-सिक्स डेज...पता नहीं..., कुछ गड़बड़ लगती है।'

'क्या?...क्या हुआ?' राजू एकदम होश में आ गए थे। 'फाइव-सिक्स डेज?...

किसका?' और फिर एकदम जैसे सारी बात उनकी समझ में आ गई थी। 'अच्छा...!' उन्होंने न्यूज पेपर नीचे डाल दिया था और उठकर सीधे बैठ गए थे। 'तुम्हें पहले ही बताना चाहिए था।' कुछ देर बाद उन्होंने कहा था। 'पाँच-छः दिन! ये और मुश्किल हुई।'

उस रात राजू और मैं एक साथ इस तरह लेटे रहे थे, जैसे किसी मजबूरी ने हमको एक ही बिस्तर पर ला डाला हो! बिजली, बादल, पानी गिरने की आवाज़। सरे-शाम से ही पानी टूटकर गिर रहा था।

'क्या सो गए?' मैंने दाहिनी ओर गर्दन मोड़कर राजू से पूछा था।

'नहीं।'

'क्या सोच रहे हो?' मैंने हाथ बढ़ाकर उनका कन्धा छुआ था।

'सोचने को रखा क्या है!' उन्होंने लम्बी साँस लेकर कहा था। 'मगर मेरी समझ में नहीं आता कि यह हो कैसे गया? अब तो तुम्हें छूने से पहले शायद उँगलियों पर भी रबर चढ़ाना पड़ा करेगा! और फिर मुझे तो याद ही नहीं आता, ऐसा हो कैसे सकता है? मैंने कितने प्रीकॉशंस लिये हैं—उसके बाद भी?'

'हमेशा ही तो प्रीकॉशंस नहीं लिये। मैं तो ख़ुद कहती रही हूँ, मगर...'

'कब नहीं लिये? तुम समझती हो, सारी फ़िक्र ले-दे के बस तुम्हीं को है? ऐसा है तो कल से अलग-अलग सोया करेंगे।'

'ठीक है, शायद यही करना पड़ेगा।'

'थोड़ी देर बाद...'

'अरे यार, ठीक तो है!' राजू एकदम बिस्तर पर उठकर बैठ गए थे। 'मेरा दिमाग़ तो बिलकुल कबाड़ख़ाना हो गया है। दिनभर पाइपों के गॉज़, क़ीमतें और हार्ड-वेयर के काठ-कबाड़ के बीच रहकर आएगा भी क्या दिमाग़ में! यार, माफ़ करना, तुमने बुरा तो नहीं माना?' एकदम राजू मुझसे सट गए थे। 'ये मेरा दिमाग़!' उन्होंने अपना माथा ठोंका था। 'तुम ग़लत तो नहीं समझी थीं न? यार, उस रात...तुम्हें मालूम है न...'

चौदह

'उस रात!' मुझे मालूम था। वह रात भी एक ऐसे दिन का दूसरा सिरा थी जो उन दिनों हमारे जीवन का मामूल बन गए थे। राजू साढ़े आठ बजे घर लौटे थे, थककर पसर गए थे। मुझे खाना निकालने के लिए उठते देखकर उन्होंने मना किया था और ख़ुद किचिन में चले गए थे।

खाना खाते-खाते राजू के हाथ एकदम रुक गए थे। हाथ का निवाला हाथ में ही दबा रहा था। फिर उसे प्लेट में ही रखकर वह अन्दर लपके और उस डायरी के पन्ने पलटते हुए बाहर आए थे जो इन दिनों चौबीस घंटे उनकी जेब में रहती थी।

'अपना ख़ुद का मामला अलग था,' राजू कहते। 'हज़ार, पाँच हज़ार भी अगर इधर-उधर हो गए तो कोई बात नहीं। अब नारायण का मामला है। मालूम है, पिताजी हमसे बचपन में क्या कहा करते थे? हिसाब जौ-जौ, बख़्शीश सौ-सौ! अब ख़ैर, बख़्शीश तो क्या...! मगर सच है। बिलकुल सच। हिसाब तो रखना ही चाहिए—रियल इकॉनमी कंसिस्ट्स इन सेविंग्स, नॉट अर्निंग्स (असल, किफ़ायत बचाने में है, कमाने में नहीं), और अपना जीवन...' वह हँसकर कहते—'अपना जीवन तो इसी महाकाव्य का एक पाठ है—कम ख़र्चो, ज़्यादा जियो!'

इस डायरी में उन दिनों राजू पाई-पाई का हिसाब लिखने की कोशिश करते थे।

राजू डायरी के पन्ने पलट रहे थे, लेकिन उनका दिमाग़ कहीं और था।

'खा चुके?' मैं उनके पास वाली कुर्सी पर जाकर बैठ गई थी। 'क्या कुछ हिसाब में गड़बड़ हो गई?'

राजू ने उत्तर नहीं दिया था, वैसे ही बैठे रहे थे। फिर तेज़ी से उठकर उन्होंने हाथ धोए थे, तौलिए से जल्दी-जल्दी पोंछे थे—'सुनो, मैं अभी आता हूँ,' कहते हुए बाहर निकल गए थे।

एक घंटे बाद जब राजू लौटे तो उनके हाथों में गुलाब के दो बड़े-बड़े गुलदस्ते थे।

'ये क्या सूझ गई?' मैंने कहा था।

'क्या कोई नई बात है!' राजू ने आसानी से कहने की कोशिश की थी। 'भूल

गईं? कोई भी शाम ऐसी होती थी कि बिना तुम्हारे फूलों के आ जाऊँ? मालिन का भी यह हो गया था कि इन्तज़ार करती थी, चाहे रात के दो ही क्यों न बज जाएँ। गजरे, मालाएँ—क्या-क्या और कैसे-कैसे फूल गूँथती थी! और जैसे वह ख़ुशबू तुम्हारा ही एक हिस्सा हो गई थी। फूल लेकर बाज़ार से घर तक पहुँचना मुश्किल हो जाता था। नाक से अन्दर जाकर साली जाने कहाँ-कहाँ हिट करती थी! रास्ते में दिल चाहता था, सामने वाली मोटरों पर गाड़ी चढ़ा दूँ, आगे निकल जाऊँ, तुम तक पहुँच जाऊँ!' राजू ने ठंडी साँस ली थी। 'ख़ैर...,' और वह चुप हो गए थे।

'ऐसा करो, चलो मेरे साथ, आओ!' वह मुझे खींचते अन्दर लाए थे, कपड़े उलीचकर अपनी पसन्द की साड़ी-ब्लाउज़ निकाला था और दस मिनट में हम घर के बाहर थे।

'अंशुल? अरे, ठीक है यार!' राजू ने मुझे सोचने का मौक़ा ही नहीं दिया था। उन्होंने एक टैक्सी रोकी थी और हम रेडियो-स्टेशन के पास उतरे थे। टैक्सी से उतरते ही हलकी-हलकी बूँदाबाँदी शुरू हो गई थी।

'मैं पूछती हूँ, चक्कर क्या है?' मैंने झल्लाई-सी आवाज़ में पता नहीं कौन-सी बार पूछा था। 'इज समथिंग राँग विद यू?'

'अब ये तक पूछने की नौबत आ गई क्या? अब तो जहाँ मैं, वहाँ तुम। इन्तज़ार, कौन? अरे, हम तो घसीट के ले जाने वालों में से हैं...'

एकदम अँधेरा था। सड़क की रोशनियाँ ग़ायब और आसमान घने बादलों से उठा हुआ था। ख़ामोशी और दूर आगे कहीं अँधेरे में किसी ऊँचान से पानी के गिरने की आवाज़। सड़क उघड़ी हुई थी और रह-रहकर हमारे पैर गिट्टियों और पत्थरों से टकरा रहे थे। पानी की बूँदें तेज़ हो गई थीं। राजू मुझे घसीट के ऊपर खींचे लिए जा रहे थे। इसी पहाड़, इसी घाटी के बाजू में कई सौ फ़ीट नीचे तालाब था। दूर शहर बसा हुआ था। पानी के किनारे-किनारे हलकी फुहार में धुँधलाई-सी रोशनियाँ। राजू कोई गीत गुनगुनाने लगे थे।

'वाट ए वेदर टु कमिट सूसाइड!'

मैंने फिर झल्लाई-सी आवाज़ में कहा था! 'आप आख़िर चलना कहाँ चाहते हो? ...क्या बात है?'

राजू एकदम रुक गए थे।

'कभी तो ऐसा लगने दो कि जो मैं चाहता हूँ, वह हो रहा है! वहाँ ऊपर ले जाकर क्या मैं तुम्हें खा जाऊँगा? नीचे तालाब में धक्का दे दूँगा?' राजू एकदम बुझ गए थे। 'यही है! जहाँ हम चाहते हैं कि कोई पूछे, हमसे सवाल करे, वहाँ किसी को फुर्सत नहीं मिलती। जहाँ हमारी ख़ुशी लोगों की ख़ामोशी से पूरी हो सकती है, वहाँ सब! सब को ही देख लिया!' वह एकदम वापस मुड़ गए थे। 'चलो, वापस चलते हैं,' और मेरा हाथ खींचते ढलान उतरने लगे थे।

पन्द्रह-बीस मिनट बाद हम लोग एक पहाड़ी गुफ़ा में थे। मैंने राजू को मना लिया था।

'ज़मीन कितने नीचे है, तुम्हें इस वक्त अन्दाज़ नहीं होगा...और बाहर अच्छा-ख़ासा पानी गिर रहा है, लेकिन अन्दर एक बूँद नहीं आएगी। वह देखो...,'

नीचे, बहुत नीचे अँधेरे में रेंगती रोशनियाँ थीं और बहुत धीमे-धीमे हम तक पहुँचती ट्रक की आवाज़ें।

'यह ट्रक गिट्टी ढोते हैं। दो-तीन मील अन्दर पत्थरों की कुवेरी है। एक ज़माने में पिताजी ने ली थी। शर्मा करके एक आदमी था, वह मैनेज करता था। पिताजी की डेथ के बाद सब काग़ज़ात गड़बड़ कर दिये,' राजू ने माचिस की तीली से केंडिल जलाई थी और एकदम हमारे आसपास पत्थर की हदें बन गई थीं। 'तुम्हें मालूम है...जब मैं टेंथ में पढ़ता था, वह जो जीजी रहती हैं न अपने घर के पास, उनका लड़का और मैं—हम दोनों ने स्कूल से भागकर ज़िन्दगी में पहली बार व्हिस्की यहीं पी थी। उसके बाद...मुझे यह जगह बहुत अच्छी लगती है। लगता है, अगर हम सिर्फ़ कपड़े उतार दें तो अपने पूर्वजों की दुनिया में पहुँच सकते हैं।'

हवा के झोंके रह-रहकर मोमबत्ती की लौ को कँपा जाते थे और हम दोनों के साए लहराते हुए उन पत्थर की दीवारों पर डोल जाते। राजू ने मेरा हाथ पकड़ा था और गुफ़ा में मुँह पर ले आए थे। हमारे पीछे वह पहाड़ी घाटी थी जिसको पार करते हुए हम गुफ़ा तक पहुँचे थे। और पहाड़ी चोटी पर बने कॉलेज के हॉस्टल्स दिखाई दे रहे थे।

'आँखें बन्द करो!' अन्दर वापस आकर राजू ने कहा था।

मैं मोमबत्ती की रोशनी में अधखोई-सी उनकी ओर देखती रही थी।

राजू ने मुझसे नज़रें नहीं मिलाई थीं। 'अच्छा रहने दो,' उन्होंने अपनी जेब से एक छोटी बोतल निकाली थी और कुछ सोचते हुए उसकी सील तोड़ने की कोशिश की थी। कुछ प्रयत्न के बाद वह सील तोड़ने में कामयाब हो गए थे। बिना मुझसे आँख मिलाए उन्होंने बोतल मुँह से लगाई थी, दो-तीन घूँट लेने के बाद थोड़ी देर खाँसते रहे थे और जलती हुई केंडिल से सिगरेट सुलगाई थी। फिर वह चुपचाप बैठ गए थे।

मोमबत्ती की थरथराती रोशनी और ख़ामोशी। सिर्फ़ बाहर पत्थरों और पत्तों पर गिरती पानी की बूँदों की आवाज़ थी। अँधेरा, मुझे हमेशा ऐसा लगा है कि अँधेरा, ख़ामोशी के साथ मिलकर सहनीय हो जाता है। अकेली ख़ामोशी और केवल अँधेरा—दोनों की कल्पना ही बड़ी विचित्र-सी लगती है। लगता है, ख़ामोशी और अँधेरा एक ही चीज़ के दो रुख़ हैं। अगर ख़ामोशी का कोई रंग होता है तो मुझे विश्वास है, वह काला होगा—अँधेरा होगा। और अगर अँधेरे की नब्ज़ महसूस की जा सके तो वह ख़ामोशी होगी।

राजू मुझे थोड़ी-सी लेने को मजबूर कर रहे थे। 'बस, ज़रा-सी...,' वह कह रहे थे और बोतल मेरे मुँह से लगा दी थी।

मैंने बिना इनकार किए पहला घूँट लिया था और मुझे उबकाई आते-आते रह गई थी। फिर दूसरा—तीसरा।

एक बार कॉलेज में कासेंट्रेडिट एसिड मेरी हथेली पर गिर गया था और देखते-ही-देखते खाल जल गई थी, ज़ख़्म पड़ गया था। मैंने शराब का एक और घूँट लिया। अब सब ठीक था। सीने पर छाले पड़ जाएँ। अंशुल? ज़्यादा-से-ज़्यादा दो-चार घंटे रोता रहेगा। नहीं, अब ठीक था।

'तुम तो कमाल कर देती हो, कभी-कभी,' राजू फटी-फटी नज़रों से मेरी ओर देख रहे थे। 'अरे बाबा, मैंने इतनी बहुत-सी लेने को थोड़े कहा था। तुम्हें इतनी पीते देखकर तो मेरा नशा उतर गया!' उन्होंने खीजी-सी हँसी के साथ कहा था, फिर कुछ रुककर पूछा था—'यू आर फ़ीलिंग आल राइट?'

'परफ़ेक्ट,' मुझे अपनी ही आवाज़ बहुत दृढ़ और कहीं दूर से आती लगी थी।

'कल मैं नारायण से कह दूँगा, जल्दी घर आ जाऊँगा। शाम को हम लोग फ़िल्म देखने चलेंगे...'

'तुम्हारी सेहत दिन-ब-दिन गिर रही है, कल डॉक्टर मजूमदार को...'

'एक बहुत अच्छी साड़ी देखी थी कल बाज़ार में। नारायण की बीवी को बाज़ार में कुछ काम था। नारायण को फ़ुर्सत नहीं थी तो मेरे सिर पड़ गई। इतनी ज़ोरदार साड़ी...मैंने ख़रीद ही ली थी फिर सोचा, तुम्हारे साथ जाकर...'

राजू दूर बैठे बातें किए जा रहे थे।

मैंने साड़ी का पल्ला उतारा था। अपनी जगह खड़े होकर साड़ी की परतें एक-एक करके अलग कर दी थीं। राजू के बोलने की रफ़्तार में कमी आ गई थी। वह जगह-जगह अटकने लगे थे। मैं फिर बैठ गई थी।

'यार, साफ़-साफ़ बताओ,' राजू ने केंडिल की ओर देखते-देखते एक पल को मेरी ओर देखा था, और शराब का एक और घूँट लिया था। 'तुम...' वह एक पल को फिर रुके थे—'तुम मुझे माफ़ कर सकती हो?'

तब मैंने धीरे से ब्लाउज़ के बटन खोले थे।

'क्या कर रही हो?' राजू ने मुझे ताकते हुए कहा था।

'कितनी गर्मी है।'

'गर्मी? ऐसी गर्मी तो नहीं!' कहकर उन्होंने फिर सिगरेट सुलगाई थी।

इतनी देर में मेरे जिस्म के कुल कपड़े उतर चुके थे।

'ऐसे मौसम में दिल चाहता है, मैं दूब होती...' पता नहीं, मैं वही कह रही थी जो कहना चाहती थी या...या बहकने लगी थी।

'तुमने मेरे सवाल का जवाब नहीं दिया?'

'कैसी माफ़ी राजू?' शर्ट के अन्दर उनका दिल ज़ोर से धड़क रहा था। मैंने राजू को वहीं लिटाया, उनके कपड़े उतारे थे।

औरत और मर्द में शायद सबसे बड़ा अन्तर यही होता है कि एक सीमित हद तक औरत पत्थर होती है। लेकिन इस नाज़ुक हद को उलाँघने के फ़ौरन बाद ही यह पत्थर मोम में परिवर्तित हो जाता है। मोम—जिसका अर्थ हर आग में पिघलना होता है। इस हद से पहले हर आदमी की औरत के लिए अलग-अलग पहचान होती है—इस सीमा को उलाँघने के बाद हर आदमी औरत की अपनी पहचान का हिस्सा बन जाता है। हर स्त्री के दिमाग़ के अंधे ख़ानों में जन्म से लेकर समझदारी तक जो छोटी-छोटी, बामतलब, बेमतलब बातें जमा होती रहती हैं, वह शायद एक मर्द की रचना करती हैं। कोई भी हो सकता है। एक ख़ास समय पर एक ख़ास फ़ासला तय करने के बाद, हर पुरुष, स्त्री के लिए एक ही होता है। हर बार उस ख़ास फ़ासले को तय करने के बाद राजू मेरी आँखों से ओझल हो गए हैं और मैं उस काल्पनिक पुरुष के साथ आगे चली गई हूँ। उन क्षणों में सिर्फ़ एक एहसास रहा है जो बाद में सोचने पर राजू हो जाता है—कोई भी हो सकता है। पुरुष की स्त्री की तरह शायद ऐसी कोई सीमा नहीं होती। वह या तो पत्थर होता है या मोम। वह जब चाहे अपने आपको खींचकर बाहर ला सकता है, अपने को रोक सकता है।

राजू मेरे पास लेटे हुए थे और मैं चाहती थी, इस बार मैं वह सब उनके साथ करूँ जो अभी तक वह मेरे साथ करते आए थे। पता नहीं क्या था, जिसने राजू को उन्हीं पत्थरों जैसा बेजान कर दिया था! मेरे हाथ, मेरे होंठ, मेरा जिस्म धीरे-धीरे तपने लगे थे। पता नहीं, मैं जैसे एक नागिन थी जो मुर्दा नाग में जान डालना चाहती थी, और नाग? वह ज़िन्दा हो सकता था, अभी कहीं उसमें जान अटकी हुई थी। सिर्फ़ कुछ शब्द थे जो रह-रहकर उसके हलक में फड़फड़ाते थे। 'नहीं, कह दो तुमने मुझे माफ़ कर दिया। मैं कमीना हूँ, कुत्ता हूँ, मैं ख़ुद को कभी माफ़ नहीं कर पाऊँगा। मैं भूल कैसे गया था? मुझे तो हफ़्तों पहले से ख़याल था, याद था,' वह कहे जा रहे थे। 'मैंने क्या-क्या प्लान बनाए थे, और बर्थ-डे को ही ऐसा भूला कि आज...आज याद आया! कह दो, माफ़ कर दिया!'

मैं बिलकुल थक चुकी थी।

क्या कुछ भी माफ़ किया जा सकता है? क्या दो शब्द कह देने से हमारे सारे ख़याल और अन्देशे अपनी बुनियाद खो देते हैं? क्या मेरे माफ़ कर देने से राजू हलके हो जाएँगे? उन्हें विश्वास है कि मैं सचमुच भूल जाऊँगी? कहीं, कुछ तो ज़रूर होता है हमारे चीज़ों, बातों और घटनाओं के भूलने के पीछे। हम लाख सिर पीटें, यह दर्शाएँ कि सिर्फ़ इत्तिफ़ाक़—लेकिन इत्तिफ़ाक़ के पीछे भी तो कुछ होता है! कहीं कोई चीज़ हमें इस बात की इजाज़त दे देती है कि भूल जाओ या भूला जा सकता है, और हम न भूलते हुए भी चीज़ों की तरफ़ से कुछ देर के लिए अनजान

बन जाते हैं। भूलना ?—नहीं, मैं समझती हूँ, जिन चीज़ों को हम भूलना नहीं चाहते, उन्हें हम कभी भूल भी नहीं सकते। क्या राजू रिज़्वी को भूल सकते हैं? अगर रिज़्वी राजू के सामने आए, हाथ जोड़े, माफ़ी माँगे तो राजू उसे माफ़ कर देंगे? क्या मैं...क्या मैं ख़ुद रिज़्वी को भूल सकती हूँ?

और धीरे से दिमाग़ उस हार में उलझ रहा था। ...वह बड़ा-सा दहकता-सा सुर्ख़ रंग का पत्थर मेरे नग्न शरीर पर...उस सुनहरी चेन के सहारे मेरे वक्ष पर टिका हुआ-सा बड़ा सुर्ख़ पत्थर जो छूने पर कितना सर्द था! पर मुझे मालूम है, वह अन्दर-ही-अन्दर दहक रहा था। अगर राजू मुझे उस तरह देख लें—क्या कहेंगे राजू... ?

'देखो, मैं तुम्हें ऐसे ही यहाँ नहीं लाया था,' राजू ने पास ही पड़े कपड़ों से अपने नंगेपन को छुपाने की कोशिश करते हुए कहा था। फिर कपड़े फेंककर वह उठकर खड़े हो गए थे। 'सुबह नीचे मिट्टी ढोनेवाले ट्रकों को मेरी लाश मिलेगी। बिलकुल ऐसी ही नंगी लाश!...क्या तुम मेरी इतनी-सी ग़लती भी माफ़ नहीं कर सकतीं?'

मेरे कहे दो शब्द, जलती केंडल की रोशनी, पत्थर की दीवारें, मैं और...

पन्द्रह

'तुम्हें मालूम तो है,' राजू हँसने लगे थे। 'बस, यह उसी रात का लफड़ा है। नहीं, यह बात नहीं यार, आजकल तो किसी भी चीज़ का भरोसा कहाँ है! ईविन कांट्रासेप्टिव्स।' एकदम वह बीच की जगह भरते हुए मेरे पास आ गए थे। 'यार, मगर दिमाग़ ही तो है—जाने मुझे भी उस रात क्या हुआ था!'

मुझे मालूम था, राजू किस अनकही बात को सोच-सोचकर शर्मिंदा हो रहे थे।

'भला सोचो, वह भी कोई जगह थी जाने की? जंगल-बियाबान, न चिड़िया चौंके, न कुत्ता भौंके! और फिर गर्मी या जाड़े के मौसम में, चलो मान लिया, जाया जा सकता है, मगर बरसात में साँप, बिच्छू, कोई ठिकाना है? और वहाँ चीख़-चीख़ के मर जाओ, कोई सुनने वाला भी नहीं,' राजू अपने ही ऊपर हँस रहे थे। 'कोई सुने तो कहे—पागल है! क्यों, नहीं?'

अगले दिन से हॉस्पिटल की भागा-दौड़ी शुरू हो गई थी।

पहले एक इंजेक्शन—फिर हफ़्तेभर का इन्तज़ार। राजू दिन में तीन-तीन बार नारायण की दुकान से घर फ़ोन करते—'क्यों, कुछ हुआ?' वह बेतरह बेचैन रहते। 'नहीं, ऐसा नहीं—कुछ होगा ज़रूर,' वह मुझे समझाते। 'अभी तीन दिन ही तो हुए हैं। क्या दवाएँ हैं! हफ़्ताभर इन्तज़ार करो—डॉक्टरों ने इत्मीनान से कह दिया। अब अगर हफ़्तेभर में भी कुछ नहीं हुआ तो? साफ़-साफ़ फ़रमा देंगी—अब आप केलशियम खाइए, ये टॉनिक, वह कैपसूल, और नौ महीने बाद हमें खिदमत का मौक़ा दीजिए!' उन्होंने डॉक्टरों को गाली दी थी। 'फ़ेमिली-प्लानिंग, हुँह! सड़कों पर, दफ़्तरों में—सालों को जहाँ जगह मिली—परिवार नियोजन! जब जाओ तो अव्वल तो डॉक्टर के दीदार ही मुश्किल, फिर सड़ा-सा मुँह बनाकर कह दिया जाएगा—आपने बहुत देर कर दी। अब बहुत रिस्की होगा। समझ में नहीं आता, आख़िर करो क्या?'

'नहीं यार,' उन्होंने रात को मेरे पास लेटकर कहा था—'यह तो माना, बच्चे भगवान का ही रूप होते हैं। लेकिन यार, टू मच भगवान से भी तो काम नहीं चलता! एक को तो ख़ुश कर नहीं पाते।...और अंशुल—अभी कितना छोटा है। और हालात...'

वह पल-भर को रुके थे। 'और चलो, हालात को भी गोली मारो, कुछ-न-कुछ हो ही जाएगा। इतने डोल डाले हैं, कहीं तो बात बनेगी। लेकिन अभी? इस वक़्त? ये तो बिलकुल क़त्ल होगा! हाँ-हाँ, पैदा करना मर्डर होगा। ...क्यों, ठीक है न?'

'लेकिन राजू, अभी तो पूरे साढ़े आठ-नौ महीने लगेंगे। ...आई मीन, अगर हम लोग चाहें और नौ महीने में...नौ महीने में हम कुछ-न-कुछ...'

'नहीं, वह बात जाने दो,' राजू ने एकदम हाथ उठाकर कहा था—'तब क्या होगा, उसे छोड़ो। तुम तो तय कर लो कि बस, छुटकारा पाना है—किसी भी तरह।'

फिर एक दिन मैंने राजू को समझाते हुए कहा था—'तुम्हें मालूम है, मुझे ख़ुद ज़्यादा बच्चे अच्छे नहीं लगते। फिर अंशुल भी अभी बहुत छोटा है। और दो बच्चे के बाद शायद माँ-बाप अपने-आपको अधेड़-सा महसूस करने लगते होंगे। मगर मेरे ख़याल से अगर इस इंजेक्शन से कुछ हो जाए तो ठीक है, नहीं तो फिर...छोड़ो। वह तो जब ज़रूरत होती है तो सब कुछ कहीं-न-कहीं से हो ही जाता है। और फिर ये कि हमारी ग़लती पर, व्हाई शुड समवन एल्स सफ़र? ठीक है, हमने किया है, हम भुगतेंगे।'

'वाह-वाह,' राजू ने कहा था—'क्या बात है! तुम यार, धर्म के प्रचार में हिस्सा क्यों नहीं लेतीं? 'जैसा करेगा, वैसा भरेगा', 'तुम हमें ख़ून दो, हम तुम्हें पानी देंगे!' तुम तो नौ महीने बाद छुटकारा पा लोगी, उसके बाद तो मुझे ही पालना है, मुझे अपना ख़ून पानी करना है। और फिर ग़लती क्या है? हम लोगों ने शादी की है, हम चाहेंगे तो बच्चा होगा। अरे यार, इन थ्योरीज़ को छोड़ो, जब हम पाल ही नहीं सकते।...

'ये बुढ़िया कुछ करती भी है?' तब राजू ने कहा था—'मैं ये चाहता हूँ कि ज़मीन औंधी हो जाए, आसमान चक्कर खा जाए, लेकिन आप अपनी जगह से हिलें तक नहीं। आपको अख़बार ही पढ़ना था, आप किसी को भी—इस बुढ़िया को भेजकर मँगवा सकती थीं। ये जो इतने हराम की खा रहे हैं, आख़िर किस दिन के लिए? इस बुढ़िया को नौकर किसलिए रखा गया है? सिर्फ़ इसलिए कि आप ख़ुद हिलकर पानी भी नहीं पिएँ। क्या पता, कौन-सा क़दम ग़लत पड़ जाए,' तब जब अंशुल होने वाला था। राजू ने दवाओं व टॉनिक्स के ढेर लगा दिए थे।

उनके स्कूल के ज़माने का एक दोस्त भी अब डॉक्टर था। हर दूसरे दिन वह राजू के साथ आता। हर हफ़्ते हम मिसेज़ मजूमदार के क्लीनिक जाते—चेकअप के लिए। भीम तो फीस नहीं ही लेता था, मिसेज़ मजूमदार भी नहीं लेती थीं।

'किस मुँह से लेंगी?' राजू बताते। 'ये जो उनके घर में मोज़ेक का फर्श हो रहा है, बाथरूम में दुनियाभर की फिटिंग्स हो रही हैं, क्या वह ख़ुद करा रही हैं? हर एक का माँगने का अपना ढंग होता है।

'अभी तो पहला है,' राजू मेरा सिर दाबते हुए कहते—'मेरा तो दिल चाहता है,

साला पूरा घर बच्चों ही बच्चों से भरा हो—स्वस्थ, साफ़-सुथरे बच्चे, नहाए-धोए। ये नहीं कि नाक सुड़-सुड़, और हाथ लगाने पर राजगिरे का लड्डू फूट पड़े!'

और कभी राजू ने कहा था—'क्यों, तुम्हें अजीब नहीं लगता कि बच्चे कभी तो बिलकुल माँ जैसे लगते हैं, कभी बाप जैसे? मेरा मतलब है कि एक ही बच्चा किसी ऐंगिल से बिलकुल बाप की टू कॉपी लगता है, किसी से माँ की।'

फिर एक बार और—'ख़ुद को जानना या समझना भी कितना मुश्किल काम है! हर बार ख़ुद को अपनी ही हरकतों पर हैरत होती है कि अच्छा, यह हम थे। तो हम ऐसा भी कर सकते हैं। शायद अपने बस का सबसे अच्छा तरीक़ा यह है कि बच्चे हों। बहुत सारे बच्चे। बहुत-से लड़के, बहुत सारी लड़कियाँ। शायद हर बच्चा हमारी अपनी पर्सनैलिटी के जो दबे-ढँके हिस्से होते हैं, उनका कुल-फॉर्म होता है। हर बच्चे में आप अपनी अधूरी चीज़ें पूरी देख सकते हैं। शायद कुछ बातें तो बिलकुल डिस्कवरी होती होंगी! आपको पेंटिंग देखकर घबराहट होती है—पता चला, एक वली-ऐहद आर्टिस्ट निकल गए। सोचो तो समझ में आता है कि वह घबराहट क्या हो सकती है। ...यार, अब एक जन्म में आदमी कर भी क्या-क्या सकता है? किताबें, संगीत, पेंटिंग्स, घूमना-फिरना और...और उसके साथ कन्नी, तसला, सीमेंट, रेत...' राजू थककर हँसे थे। 'शायद हर बच्चा हमारा एक और जन्म होता है—हमारी ख़ुद की आँखों के सामने ही। जितने हमारे बच्चे, उतने ही समझो, हमने जन्म ले लिए—बहुत-सी अधूरी कल्पनाएँ पूरी हो गईं।'

'तो फिर,' मैंने राजू को छेड़ा था—'दो-चार औरतों से तो और ज़्यादा बच्चे हो सकते हैं—क्यों न...?'

'ऊ बात जाने दो!' राजू ने हाथ उठाकर किसी के बोलने की नक़ल करते हुए कहा था। 'ऊ बात तो करो ही मत।' और उन्होंने मुझे अपनी बाँहों में कसते हुए कहा था—'यार, पता नहीं क्या बात है, लेकिन यह सोचकर भी कि कोई दूसरी औरत...मुझे उस औरत से जलन होने लगती है! पता नहीं क्यों, तुम्हारे अलावा हर औरत मेरे लिए पाप है। सिर्फ़ तुम और हमारे बच्चे।

'बी प्रेक्टिकल,' राजू कह रहे थे। 'मेरी बात को समझने की कोशिश करो। ठीक है, बच्चे किसे बुरे लगते हैं? क्या हम नहीं चाहते? लेकिन इन हालात में सुबह से लेकर शाम तक की तो ख़बर नहीं रहती। तुम तो तय कर लो—हर हालत में। अभी हम अफ़ोर्ड नहीं कर सकते।'

सोलह

एक-एक दिन करके सप्ताह बीता था।

'अब किया क्या जाए?' राजू एकदम निराश हो गए थे।

फिर हॉस्पिटल का चक्कर—एक डॉक्टर, दूसरा डॉक्टर। हर जगह से हमें मायूसी हुई थी। राजू को जैसे कोई नया काम मिल गया था और वह दुकान पर जाने में लेट हो जाते, नारायण के साथ कहीं जाने से इनकार कर देते और मुझे डॉक्टरों के यहाँ पाबन्दी से ले जाते। हर डॉक्टर ने यही कहा था कि शायद मैं भूल रही हूँ। इस स्टेज पर एबॉर्शन मेरे लिए बहुत रिस्की था और आगे चलकर उलझनें पैदा हो सकती थीं।

'सारी दुनिया के लोग,' राजू कहते—'अब जबरन मुँह खुलता है! लोग पाँच-पाँच महीने के बाद कराते हैं, और हो जाता हैं। कुछ नहीं, सिर्फ़ पैसा चाहते हैं ये लोग। क्या अस्पताल वाले नहीं करेंगे तो हो ही नहीं सकता? तुम फ़िक्र मत करो, सब हो जाएगा। अरे, कुछ नहीं यार। सेहत? ये लोग तो जबरन डराते हैं।'

कुछ दोस्तों के मशवरे से राजू ने कुछ दूसरी गोलियाँ लाकर खिलाई थीं और कुछ दिनों के लिए फिर से उनकी आस बँध गई थी।

'और समय निकल रहा है,' एक दिन मेरी आँखों में आँसू आ गए थे। 'पता नहीं, क्या होगा! राजू, प्लीज़!' मैंने आख़िरी बार कहा था—'मेरे लिए! अगली बार हम लोग ख़ुद प्रीकॉशंस लेते रहेंगे। मगर अब इतना समय बीतने के बाद, राजू, मैं अभी मरना नहीं चाहती!'

'ये तुम्हें हो क्या जाता है?' राजू ने मुझे घूरते हुए कहा था। 'तुम समझती हो, मैं तुम्हें मारना चाहता हूँ? ऐसे तो कोई नहीं मरनेवाला, हाँ अगर बच्चा हो गया, तो ज़रूर हम दोनों को मरना पड़ेगा! अंशुल को शायद मम्मी पाल लें।'

बहुत से छुटपुट डॉक्टरों के चक्कर राजू ने लगाए थे। इसके नतीजे में मुझे फिर बहुत-सी गोलियाँ खानी पड़ी थीं।

'मेरी समझ में नहीं आता, बच्चा है या कोई मिलिटरी जनरल।' राजू कहते—'और इतनी दवाओं के सामने तो शायद कोई मिलिटरी जनरल भी नहीं ठहर पाता।

बताओ?' वह परेशान होकर हँसते हुए कहते—'गोले पे गोला, वहाँ कोई असर ही नहीं होता!'

और इस दौरान लगा था, जैसे राजू ने एक फैले हुए तालाब की तरह अपना बाँध तोड़कर मुझे अपने घेरे में ले लिया था।

'यार,, वह हर रात मुझसे लिपटकर कहते—'जो कुछ भी है, मगर ये सेफ़ पीरियड है। कहाँ के साले रबर, और कहाँ के क्रीम! फिर औरत की भी क्या ज़रूरत है? असल में अच्छा तो ऐसे ही...'

'तुम्हारी ज़िम्मेदारी तो सिर्फ़ अच्छे और बुरे लगने तक ही है न?' मेरी आवाज़ एक दिन तेज़ हो गई थी। 'इसके बाद? हाँ, ज़रूरत भी क्या है? ग़लती तुम्हारी नहीं। मुझे मालूम है, तुम्हारा तर्क क्या होगा। तुम समझ ही नहीं सकते, औरत की तकलीफ़ क्या होती है। अंशु से पहले—तब तक मुझे भी ऐसा ही लगता था कि सब कुछ सिर्फ़ थोड़ी-सी शारीरिक थकन और बहुत-से दिमाग़ी आराम के साथ ही ख़तम हो जाता है। पता चला, हर जन्म के साथ कितनी पीड़ा है—तुम सोच भी नहीं सकते। मुझे मालूम है, यह सारी दुनिया कितनी तकलीफ़ से बनी है। अच्छा क्यों नहीं लगेगा! तुम्हें तो सचमुच इसके आगे सोचने की ज़रूरत भी नहीं है।'

'तुमसे तो कुछ कहना ही मुश्किल है,' राजू ने अपने पर क़ाबू रखने की कोशिश करते हुए कहा था, 'अरे बाबा, यह सब मैं किसलिए कर रहा हूँ? खाने-पीने का तो ठिकाना नहीं और छत्तीस डॉक्टर! इसमें भी पैसा ही ख़र्च होता है या यूँ ही? और तुम तो अपनी राय के आगे सबको नत्थू समझती हो। बात को ज़रा समझने की कोशिश करो। नारायण और सुधा, उसकी बीवी, दोनों का ही यही कहना है कि...अरे कुछ नहीं होगा! और सोचो, कितनी मुश्किलों से बच जाएँगे।'

'नारायण कौन होते हैं? और सुधा? क्या वह हमारे गॉडफादर हैं?' मेरा लहजा और कड़वा हो गया था और मुझे राजू सुन्न होते नज़र आए थे।

'किसी की की हुई भलाई का बदला देने का यह अच्छा तरीक़ा है।'

'कौन-सी भलाई? क्या कर दिया है उन्होंने हमारे साथ?'

'ये जो इतने डॉक्टर, ये सब दवाएँ—तुम समझती हो, ये सब अपने आप...'

'कौन चाहता है डॉक्टर, दवाएँ? और उसके लिए क्या हमें उनका ग़ुलाम बनना पड़ेगा? हर भली-बुरी बात माननी पड़ेगी?'

'हाँ-हाँ,' राजू एकदम उठकर खड़े हो गए थे। 'अगर शर्मो-हया वाली हो तो माननी पड़ेगी...,' राजू की आवाज़ तेज़ होती जा रही थी। 'पागल औरत!' और उनके मुँह में न जाने कहाँ-कहाँ की गालियाँ आ गई थीं। 'मेरा क्या है, ऐसे ही फिर! कर बच्चा पैदा! नारायण के बारे में ऐसा कहती है, जो अभी तक कितने पैसे हमारे चक्करों में ख़र्च कर चुका है। अरे, उसका एहसान तो तू उसकी रखैल बनकर भी सिर से नहीं उतार सकती, कमीनी! निकल जाओ, चलो!' उन्होंने मुझे बाजू से

पकड़कर धक्का देते हुए कहा था। 'इस घर से इसी वक़्त निकल जाओ!'

राजू ने मुझे बाहर धकेलकर दरवाज़ा ज़ोर से बन्द कर लिया था और फिर उसी तेज़ी से दरवाज़ा खोलकर गालियाँ देते हुए वह ख़ुद बाहर निकल गए थे।

पता नहीं, शायद अब मैं आदी होने लगी थी। अपने बचे-खुचे रूप में मेरी आँखों में कुछ आँसुओं के सिवा कुछ नहीं था। अपमानित? पता नहीं, अपमानित महसूस करने पर मेरे अन्दर पहले क्या-क्या होता था। बहुत पुरानी बात थी। बहुत पुरानी याद...अब सब कुछ एक हद तक जाकर रुकने लगा है।

मैंने अपने चारों ओर देखा—मम्मी और दीदी की ओर का बन्द दरवाज़ा। कार का गैरेज, जिसमें अब बल्लियों का ढेर था—गैरेज के बाहर तक। कम्पाउंड का दरवाज़ा, जिसमें से निकलकर राजू अभी कहीं गए थे। और मेरे पीछे खुला हुआ घर का दरवाज़ा। घर, जिसमें कहीं अंशुल था।

मैं उठी और घर के अन्दर दाख़िल हो गई।

सत्रह

अगले दिन बिलकुल सबेरे-सबेरे पप्पू आ गया था। साढ़े छह बजे सुबह बरसात, पानी की आवाज़ों में, कॉलबेल बजी और बजती ही चली गई। फिर मुझे राजू की किसी से बातें करने की आवाज़ सुनाई दी। फिर राजू ने मुझे आवाज़ देते हुए बुलाया।

'उठो यार, देखो, पप्पू आया है।'

'हैलो!' पप्पू ने कहा था। 'अरे कहाँ, आप लोगों को सोते-सोते जगाया। क्यों भई?'

मैं उठ के बैठ गई थी। पप्पू अंशुल को जगाने लगा था और राजू कुछ सुन्न-से हो गए थे।

'घर पर सब ठीक-ठाक है न?' उन्होंने सिगरेट सुलगाते हुए दुविधा में डूबे स्वर में पूछा था।

'हाँ, ठीक-ठाक ही है,' पप्पू ने जैसे प्रसंग को टालने के अन्दाज़ में कहा था। '...वाह-वाह, देखो दीदी, बच्चा हो तो ऐसा!' उसने अंशुल को गोद में उठाते हुए कहा था। 'पहली ही नज़र में मामा को पहचान गया। आओ बेटा, देखो, हम तुम्हारे लिए क्या लाए हैं!' और पप्पू ने अंशुल को खिलौने निकालकर दिये थे। 'तुम्हारे लिए,' पप्पू ने मुझे सम्बोधित करते हुए कहा, 'क्या-यार, तुम्हारे अच्छे ठाट हैं! तुम्हारे लिए मम्मी ने एक अलग डिब्बा दिया है, सील्ड। जाने कोई हलवा-वलवा है। इसलिए कि मैं रास्ते में ही नहीं खा जाऊँ।' और पप्पू ज़ोर से हँसा था।

'अरे, यह सब तो बाद में होता रहेगा,' राजू बोले थे। 'यार, तुम नहाओ-धोओ तो। बरसात में रेल का सफ़र। जगह तो मिल गई थी न?'

'हाँ, जगह तो...' पप्पू ने अपनी ठोड़ी पर हाथ फेरते हुए कहा था—'और हम रिजर्वेशन में तो बिलीव करते नहीं। आज तक कभी कोई ऐसा सफ़र नहीं किया जब रिजर्वेशन कराया हो।'

राजू पप्पू के बाथरूम जाने तक वहीं उसके आसपास मँडराते रहे। फिर जैसे ही पप्पू अन्दर गया...

‘सुनो...’ उन्होंने विनती के-से स्वर में कहा था। पिछली रात की घटना की सारी कड़वाहट एक पल में ही कहीं पीछे छोड़ने की चेष्टा करते हुए वह कह रहे थे—‘देखो, तुम्हारे और मेरे बीच की बात...’

‘वह भी तो मेरा भाई ही है!’

‘अरे सुनो तो! देखो, जो कुछ है, वह कहने-सुनने से कम तो होगा नहीं। और वह बेचारा दो-चार दिन को तो आया ही है, क्या फ़ायदा...’

‘हर चीज़ फ़ायदे-नुक़सान से ही तो नहीं नापी जा सकती। फिर तुम्हारा तो सारा शहर है, दोस्त हैं, सम्बन्धी हैं, मैं किसके कन्धे पर सिर रख के रोऊँ?’ जाने आँसू आप-ही-आप उबलकर मेरी आँखों तक कैसे आ गए थे!

‘अरे सुनो तो यार,’ राजू एकदम घबरा गए थे। ‘मैं कुत्ता, मैं कमीना, मैं तुमसे माफ़ी माँगता हूँ...लो, तुम्हारे पैर पकड़ लेता हूँ!’ और झुककर, मेरे रोकने के बावजूद राजू ने मेरे पैर पकड़ लिये थे, ‘मगर सोचो तो, वह बेचारा कुछ दिन के लिए आया है। मेरी ग़लती है, आप मुझे मार डालिए, काट डालिए, टुकड़े-टुकड़े कर डालिए जो मैं उफ़ तक करूँ, मगर वह ग़रीब...’

मेरी ओर से निश्चिन्त होते ही राजू तेज़ी से होटल तक गए थे और चाय के लिए दूध लाकर दिया था। और फिर कुछ और शकर, ग्रीन लेबिल चाय की पुड़िया। ‘अब हम तो चूरे की चाय में भी आनन्द उठा लेते हैं!’ उन्होंने खुसर-फुसर के अन्दाज़ में कहा था। ‘मगर उसके,’ उन्होंने बाथरूम की ओर इशारा करते हुए कहा था—‘उसके आनन्द के लिए तो ग्रीन लेबिल की ही ज़रूरत पड़ेगी। सब ठीक हो जाएँगे साले, जब सिर पर पड़ेगी।’

‘क्या बिस्कुट का ही नाश्ता?’

‘नहीं यार, कुछ सब्र तो करो...’

फिर जलेबियाँ लाई गई थीं। बाज़ार से ही किसी चीज़ का हलवा लाया गया था। पराँठे बनाने को घर में घी नहीं था।

‘अब इस समय तो किसी तरह टालो,’ राजू ने तंग आए स्वर में कहा था। ‘अब उसके सामने क्या बर्तन उठा के घी लेने जाऊँ?’

न चाहते हुए भी, मुझे लगा था कि पप्पू हमारी हालत समझ गया है। उसने कुछ भी बारीकी से नहीं पूछा था।

जब दस-साढ़े दस बजे राजू घर से कुछ देर के लिए कहीं गए थे, शायद कहीं से कुछ पैसों का और घी जैसी ज़रूरी चीज़ों का इन्तज़ाम करने, तो पप्पू ने पहली बार मेरी ओर ग़ौर से देखा था।

‘यहाँ सब ठीक-ठाक है न?’ उसने शक में डूबी हुई आवाज़ में पूछा था।

‘क्यों?’

‘ऐसे ही,’ उसने टटोलने के अन्दाज़ में कहा था—‘जीजाजी कुछ अनईज़ी लग

रहे थे।' और फिर मेरे जवाब से पहले ही—'सुनो,' उसने आवाज़ धीमी करते हुए कहा था—'वहाँ पूना में अच्छा लफड़ा हो गया।'

'क्या हुआ?' मैं एकदम चौकन्नी हो गई थी।

'वह जमीला,' वह एक पल को रुका था। 'वह घर से भाग गई।'

'क्या मतलब?'

'मतलब? मतलब मुझे क्या मालूम!' पप्पू ने झल्लाए-से स्वर में कहा था। 'लखनऊ से उसकी शादी थी। लड़का अमेरिका से आ गया, कार्ड छप गए, शादी की सारी तैयारी हो गई और शादी से दो दिन पहले वह घर से भाग गई। पूना में पुलिस आई। उन लोगों को शायद मुझ पर शक है। साले दो दिन तक परेशान करते रहे।'

मैं कुछ देर के लिए हक्की-बक्की-सी रह गई।

फिर कुछ क्षण बाद मैंने पूछा था।

'क्या पता,' कहकर पप्पू कुछ सोचने लगा था। 'उनको तो विश्वास था कि वह मेरे साथ भागी है, यहाँ मुझे ख़ुद कुछ मालूम तक नहीं।'

'कितने दिन हो गए उसको भागे हुए?'

'आल मोस्ट अ फोर्टनाईट!' (लगभग पन्द्रह दिन।)

'लखनऊ जाने से पहले तुमसे मिली थी?'

'मिली थी। यह भी कहा था कि वह शादी नहीं करेगी, करेगी तो सिर्फ़ मुझसे। मैंने उसे समझाया भी था—आई मीन यही कि...' पप्पू एक पल को रुक गया। 'और मुझे! मुझे कभी उसकी बातों पर पूरा विश्वास ही नहीं आता था। यू नो द वे शी टाक्ड एंड बिहेव्ड...। (तुम जानती हो, वह कैसी बातें और हरकतें करती है...।) मैं तुम्हारे लिए ये कर सकती हूँ, यह कर दूँगी, ज़मीन, आसमान, क्या-क्या, जैसे बच्चे बातें करते हैं। मैं उससे कहता भी था कि तुम्हारी एप्रोच बहुत रोमांटिक है। तुम बिलकुल उस तरह भावुक हो जाती हो, जैसे मैं पहली बार जब...' पप्पू ने जान-बूझकर आँखें चुराई थीं और चुप हो गया था।

पप्पू का 'पहली बार' मैं अच्छी तरह जानती थी। पास-पड़ोस पूना में एक दयाल साहब रहते थे। उनकी एक साली हुआ करती थी, सुषमा। पप्पू की लगभग दुगुनी उम्र, कॉन्वेंट में पढ़ाती थी और फास्ट टाइप थी। पप्पू उस पर दीवाना हो गया था। बस-स्टैंड पर जब वह स्कूल-बस का इन्तज़ार करती, वह उसे देखता रहता, घर की छत पर खड़े होकर। फिर जाने कैसे वह उनके घर भी जाने-आने लगा था। रातों को देर-देर तक उनके यहाँ ठहर भी जाता और किसी के समझाने का उस पर कोई असर न होता। फिर सुषमाजी ने किसी से शादी कर ली और पप्पूजी केवल टापते रह गए थे। वह महीनों उसे याद करके रोया था। खाना-पीना छोड़ दिया, लोगों से मिलना-जुलना ख़त्म कर दिया—और तभी से लिखने-पढ़ने से उसका मन उचट

गया था। उस समय पप्पू की उम्र मुश्किल से चौदह-पन्द्रह वर्ष रही होगी। फिर उसके बाद तो पप्पू की प्रेमिकाओं की एक बड़ी-सी सीरीज़ बनती थी।

'और मालूम है, आख़िर तक मैं यही सोचता रहा, मैंने उससे कहा भी कि तुम्हारी शादी हो जाएगी, बाहर चली जाओगी और थोड़े दिन बाद हम लोगों का ये रिश्ता जो अभी इतना रियल लग रहा है, दूर का ख़याल लगने लगेगा। मैंने कभी भी उसे सीरियसली लिया ही नहीं।'

'सीरियसली नहीं लिया तो फिर सारे समय उसके साथ क्या किया करते थे?' न चाहते हुए भी मेरे स्वर में झल्लाहट आ गई थी।

'अरे यार!' पप्पू मुझे ताकता-सा रह गया था। एक पल को वह बिलकुल चुप हो गया था। 'तुम तो...' उसने कुछ ठहरकर फिर से कहना शुरू किया था—'तुम तो जमीला के माँ-बाप और पुलिस से भी बढ़ गईं! मैं यह कब कह रहा हूँ कि वह मुझे अच्छी नहीं लगती? आई रियली लाइक्ड हर, पर हमेशा दिमाग़ में यही रहा है कि यह रिलेशन कभी-न-कभी टूटने हैं। भाई, लफड़े भी तो देखो—वह मुस्लिम है, मैं हिन्दू हूँ। उसके पास सारी दुनिया की क्वालिफिकेशंस हैं—पता नहीं, क्या-क्या कर रखा है उसने, हमने अभी तक हाई-स्कूल भी पास नहीं किया है। और उसकी शादी! लड़का चार्टर्ड एकाउंटेंट है वहाँ कैनेडा में और सारी फेमिली—दे आर सो वेल प्लेस्ड।'

'तो फिर ठीक है,' मैंने अंशुल का निकर बदलते हुए कहा। 'तुम्हें घबराने की क्या बात है? हो सकता है, वह यूँ ही कहीं चली गई हो। या...या फिर किसी और के साथ भाग गई हो! जब तुमने उसे कभी सीरियसली लिया ही नहीं तो अब घबराने की क्या ज़रूरत है?'

पप्पू के चेहरे पर चोट खा जाने का-सा भाव तैर गया। थोड़ी देर तक ख़ामोशी रही थी।

'तुम्हारे यहाँ आज का पेपर नहीं आया?' थोड़ी देर बाद पप्पू ने ख़ामोशी को तोड़ा था।

'हाँ, शायद...,' मैं एकदम अन्दर-ही-अन्दर कमज़ोर पड़ने लगी थी। अब तो महीने, कितने महीने हो गए थे घर का अख़बार बन्द हुए। बस, कभी-कभी राजू नारायण की दुकान से पेपर लेकर आ जाते थे। न समाचारपत्र, न दूसरे रिसाले, पत्रिकाएँ। 'शायद बरसात की वजह से नहीं आ पाया होगा। पानी भी तो देखो, कितना मूसलाधार बरस रहा है, घर से पाँव बाहर निकालना दूभर हो जाए।'

'ये जीजाजी भरी बरसात में कहाँ चले गए? क्या इन दिनों कोई काम चल रहा है?'

'नहीं, काम तो नहीं, उन्हें किसी से मिलना था। आते ही होंगे।'

मुझे अंशुल परेशान किए जा रहा था। आजकल उसको नया शौक़ चढ़ गया

था। जैसे ही कोई किताब या काग़ज़ का पन्ना हाथ लगता, वह मुझसे कहता कि पढ़कर सुनाओ। पेन्सिल हाथ लग जाए तो दीवारों पर, किताबों पर जहाँ-जहाँ उसकी पहुँच होती, टेढ़े-मेढ़े अक्षर बनाता रहता। पप्पू उसे मुझसे लेकर बैठ गया था और समझा रहा था—ए, बी, सी।

राजू स्कूटर पर लौटे थे। उस समय पानी थोड़ी देर को रुका था।

'लो, हम तुम्हें इसलिए घर छोड़कर गए थे!' उन्होंने अंशुल को पप्पू के पेट पर उचकते देखकर कहा था। 'अरे यार, थोड़ा, आराम कर लेते।'

'आपकी कार को क्या हो गया जो इतने पानी में स्कूटर पर?' पप्पू ने पूछा था।

रसोई में कुछ काम करते हुए मैं एक पल को सुन्न रह गई थी।

'अरे यार, उसी चक्कर में तो मारे-मारे फिर रहे हैं। एक महीना हो गया, मेकेनिक के यहाँ पड़ी है। रोज़ आज-कल करता रहता है।'

थोड़ी देर बाद एक आदमी रसोई का सामान और दूसरी ज़रूरत की छोटी-छोटी चीज़ें दे गया था। शायद राजू किसी दुकान पर पैसे देकर आ रहे हैं, मैंने आप ही आप सोचा था।

दोपहर को खाने के बाद जब पप्पू थोड़ी देर के लिए सोने लेट गया तो—

'सब सामान ठीक है?' राजू ने दबी-दबी आवाज़ में मुझसे पूछा था।

'कहाँ से लाए?'

'अब उसे छोड़ो!' राजू ने बात टालते हुए कहा। 'बस, धीरे-धीरे दिन बीतने के साथ-साथ मुहावरों के मतलब समझ में आ रहे हैं। आज पता चला, ग़रीबी में आटा कैसे गीला होता है! आटा तो आटा, कपड़े तक गीले हो गए। कैसे आया है?' अपनी आवाज़ उन्होंने और धीमी करते हुए पूछा था।

'कैसे आएगा? हम लोगों से मिलने आया होगा।'

'अच्छा, अच्छा,' राजू ने इस अन्दाज़ से कहा था, जैसे उन्हें मेरी बात में सन्देह हो।

पानी मुसल्सल गिरता रहा था।

शाम की चाय पर राजू और पप्पू की बात हुई थी—जमीला को लेकर।

'वहाँ मम्मी और बाबा परेशान हो गए और उन्होंने कहा कि मैं कुछ दिनों के लिए पूना छोड़कर चला जाऊँ।'

राजू इस प्रसंग के निकलते ही जीवन्त-से हो गए थे।

'नहीं, नहीं, तुमने बहुत अच्छा किया जो यहाँ चले आए। हो सकता है, जमीला भी...उसे हम लोगों का पता मालूम है न?'

'मालूम क्यों नहीं है। मैंने ख़ुद यही सोचा कि हो सकता है, वह यहाँ...'

पप्पू और राजू बातें कर रहे थे और मुझे न मालूम कैसी बेचैनी घेरे ले रही थी।

राजू पप्पू से कह रहे थे—'अगर जमीला यहाँ पहुँच गई तो बस फिर कोई

ख़तरा नहीं। सब ठीक हो जाएगा। यहाँ घर पर या किसी भी दोस्त के यहाँ उसे ठहराया जा सकता है और फिर...'

'तुम उससे शादी करना चाहते हो न?' राजू ने पप्पू से पूछा था और पप्पू काफ़ी देर तक चुप रहा था। उसने कोई जवाब नहीं दिया था।

'अगर शादी करना चाहते हो, तब तो इस छत्ते में हाथ दिया जाए। नहीं तो क्या फ़ायदा!' राजू ने फिर कहा।

और पप्पू फिर कुछ नहीं बोला, सोचता रह गया।

अठारह

रात को जब पप्पू और अंशुल सो गए तो राजू ने मुझे किचिन में बुलाया था।
'क्या कुछ दूध बचा होगा?' उन्होंने पूछा।

मेरे न कहने पर रात के साढ़े नौ बजे, बरसते पानी में वह दूध का बर्तन लेकर चौराहे के होटल तक गए थे और दूध लेकर आए थे।

'इस समय दूध पीने को ऐसा कौन-सा दिल चाह रहा है? और इतना बहुत-सा?'

'अरे नहीं यार,' राजू ने सिगरेट के कश खींचते हुए कहा था। 'पीना नहीं है। ऐसा करो, तुम जाओ, सोओ। मुझे थोड़ी देर लगेगी।'

मैं बिस्तर पर लेटी सोचती रही थी—पप्पू और जमीला मेरे दिमाग़ से कहीं दूर चले गए थे। रह-रहकर घर का मौजूदा नक़्शा मेरी आँखों में घूम रहा था। नौकरों का न होना, कार, रेफ्रीजरेटर, गैस-बर्नर, रेडियोग्राम के रिक्त स्थान, राजू की मम्मी की अनुपस्थिति, और उस सबसे बढ़कर राजू का इस तरह एक्ट करना, जैसे सब वैसा ही है, कुछ नहीं बदला! क्या यह केवल मुझे ही लग रहा था कि राजू एक्ट करने के प्रयास में ओवर-एक्ट कर रहे हैं? क्या पप्पू सब कुछ समझ नहीं गया होगा? क्या इस तरह हम उसे धोखा देने में कामयाब हो जाएँगे? और फिर, मैं क्यों? मेरा तो वह सगा भाई है। शादी से पहले हम एक-दूसरे के बारे में सब कुछ जानते थे। पप्पू अपनी उम्र से ज़्यादा समझदार था और कई अवसरों पर उसने मुझे कितने ठीक मशवरे दिये थे, मेरी मदद की थी। वह अगर बुरा था तो केवल ख़ुद के लिए, वह भी इस कारण कि वह कुछ करता नहीं था। मैंने कितनी बार उससे कहा था—'पप्पू, तुम्हें देखकर मालूम है, कैसा लगता है? जैसे एक नेस्ती आदमी, भरी दोपहरी से डरकर घने छायादार दरख़्त के नीचे पड़ा सो रहा हो। बस, इसी तरह तुम अपना जीवन बिता रहे हो।' इस पर पप्पू का मुँह बन गया था और उसने बहुत ही उखड़े हुए अन्दाज़ में कहा था—'यह तो समय आने पर पता चलेगा।

तब तुमसे पूछेंगे कि मुझे देखकर कैसा लगता है।' फिर आख़िर मैं पप्पू से सब कुछ छिपाने में राजू की भागीदार क्यों बन रही हूँ? क्या सचमुच हमारी आज की हालत सिर्फ़ चन्द दिनों के लिए है? क्या आनेवाले कल में, थोड़े ही दिनों में सब कुछ ठीक हो जाएगा?

'ये जो इतने हरामज़ादे सब, जो लम्बी-लम्बी चमकती कारों पर लदे फिरते हैं, दमड़ी की जगह हज़ारों ख़र्च करते हैं, तुम समझती हो, ये सब हमसे बहुत ज़्यादा समझदार हैं? हमसे बहुत ज़्यादा सोच-समझ सकते हैं, केलकुलेट कर सकते हैं?' राजू ने एक दिन फ़िल्म का शो छूटने के बाद, सिनेमा के कम्पाउंड में खड़े-खड़े पूछा था।

हम लोग टैक्सी का इन्तज़ार कर रहे थे और कम्पाउंड में कारें ही कारें थीं। हॉर्न बज रहे थे, लोग इधर से उधर हुए जा रहे थे। तभी पास सड़क पर से गुजरती एक कार में से किसी ने राजू को हाथ हिलाया था और गुज़र गया था।

चन्द क्षणों बाद ही राजू फट पड़े थे, 'अगर ये सचमुच समझदार होते न, तो आज या तो किसी स्कूल, कॉलेज में पढ़ा रहे होते या फिर लेखक होते—दाने-दाने को मोहताज! बस, एक अजीब चक्कर है जो मुश्किल से समझ में आता है। कॉलेज में साले टॉप करनेवाले रोटी नहीं कमा पाते। एक तरह का सट्टा है, जिसके हाथ लग गया, वही ठेकेदार बन गया, मालदार बन गया। बस, आदमी इनर्जेटिक हो, हाथ-पैर मारते थके नहीं, पैसा क़दमों में ढेर हो जाएगा। और अगर ज़रा भी सेंटिमेंटल हुआ तो ख़ुद भी धूल में मिल जाएगा। क्यों, मैं ग़लत तो नहीं कह रहा न?' और सहसा राजू हँस पड़े थे। 'क्या बताएँ यार,' जैसे उन्होंने अपने आपसे कहा था, और उनकी नज़रें फिर टैक्सी की तलाश में दौड़ने लगी थीं।

'क्या सो गईं?' राजू किचिन से अन्दर आ गए। 'क्या यार,' वह मेरे पास बैठकर सिगरेट के कश खींचते रहे थे। 'देख लिया तुमने? तुम्हें तो लाख-लाख शुक्र अदा करना चाहिए जो हम जैसा आदमी मिला। ज़्यादा-से-ज़्यादा यही कि बोलता बहुत है, लेकिन रहता तो अपने ठिकाने पर ही है। वहाँ सोचो, लखनऊ में क्या बिना मुहर्रम का मातम हो रहा होगा? यार, देखने में तो वह लड़की इतनी मज़बूत नहीं लगती थी। और तुम्हारे भइया! मैं तो नहीं सोच सकता था! बेचारी को मरना भी था तो इन जैसे ढीले के लिए।' कहते हुए राजू फिर किचिन की ओर चले गए थे।

जाने किस समय मेरी नींद लग गई थी।

'उठो,' राजू की आवाज़ से मैं जागी थी। 'सुनो, ऐसा करो, जल्दी से इसे पी लो।'

राजू के हाथ में चीनी का बड़ा कटोरा था जिसमें वह कुछ लिये खड़े थे।

'ये क्या है?' मैं कुछ समझ नहीं पाई थी।

'अरे पी लो यार! हम इतनी मेहनत करके बनाकर ला रहे हैं।'

'लेकिन है क्या?' मैंने प्याले को थामते हुए पूछा था।

प्याला अभी तक गुनगुना था और शायद राजू ने उसे पानी में रखकर ठंडा किया था। 'दवा है,' राजू ने मेरे पास बैठते हुए कहा था। 'जहाँ इतनी ट्राई की, वहाँ यह एक आख़िरी और सही। अगर इससे भी कुछ नहीं हुआ तो फिर मैं प्रॉमिज़ करता हूँ, अब हम कुछ नहीं करेंगे। यही समझ लेंगे कि हरामज़ादी क़िस्मत में ही एक और जायज़ बच्चे का बाप बनना लिखा है। पी लो यार!'

मैं प्याला नाक तक लाई थी—ओंट-ओंटकर गाढ़ा हो गया दूध जिसमें से नथुनों को फाड़ देनेवाली-सी झललाँध आ रही थी।

'और अगर कुछ उलटा-सीधा हो गया तो? इसमें है क्या? किसने दवा बताई है?'

'उलटा-सीधा कुछ नहीं होगा, तुम यक़ीन रखो। मेरे ख़याल से तो होगा इससे भी कुछ नहीं, तुम सुबह हँसती-खेलती उठोगी! बस, यह समझ लो, दिल को बहलाने का आख़िरी बहाना है। रहमत मियाँ—वही जो अपने यहाँ आया करते हैं, शतरंज वाले, उन्होंने बताया है। कुछ नहीं यार,' राजू ने प्याला मेरे हाथ से लेकर अपनी नाक तक ले जाते हुए कहा था। सूँघते ही उनको फुरेरी आ गई थी, फिर भी ख़ुद पर कंट्रोल करते हुए उन्होंने कहा था—'कुछ नहीं, बस लहसुन की कलियाँ दूध में उबाली हैं। लहसुन की बू है, बिलकुल जैसे किसी वैद्यराज का काढ़ा! पी डालो यार!'

शायद सचमुच ही कुछ न हो। मैंने प्याला राजू के हाथ से लिया था, नाक बन्द की थी और सब कुछ हलक में उलट लिया था। न उबकाई, न तकलीफ़। सब कुछ, अगर हम चाहें तो बहुत आसानी से बरदाश्त किया जा सकता है। अभी चन्द क्षण पहले जो चीज़ मुझसे सूँघी नहीं जा रही थी, उसी को मैंने पी डाला और सब कुछ वैसे का वैसा था। बस कहीं, नीचे पेट की तह के आसपास किसी हलकी-हलकी जलन का आभास होता था। सो वह भी हो सकता है, मुझे पहले से ही एसिडिटी रही हो, उसी की जलन हो!

राजू किचिन में प्याला रखकर, लाइट्स ऑफ़ करते हुए वापस कमरे में आए और मेरी ओर निराशा में डूबी हुई नज़रों से देखा।

'जब सवारी ही हम जैसी हो तो इक्केवाला क्या करेगा!' राजू ने बिस्तर पर बैठते हुए कहा था। 'बस, ये है कि अपने बूते में जो कुछ है, वह कर रहे हैं। होना

होगा तो हो जाएगा, नहीं तो अपना क्या बिगाड़ लेगा। जब सितारे में ही दुम निकल आए तो...तुम ठीक हो न?' वह मेरी ओर मुड़े थे। 'सब ठीक है?' उनके कहने के भाव में इत्मीनान के बजाय शिकायत थी और शिकायत में दम तोड़ता-सा उम्मीद का भाव। उन्होंने एक गहरी साँस ली थी। 'वैसे शायद कुछ टाइम तो लगेगा ही,' उन्होंने कहा था।

राजू सिगरेट जलाकर लेट गए थे।

'सुबह पप्पू को...' वह कह रहे थे। 'देखो अगर ज़रूरत पड़े तो...' थोड़ी देर बाद राजू ने नींद में डूबी आवाज़ में कहा था। 'वैसे मैं सो नहीं रहा हूँ, लेकिन ज़रूरत पड़े तो मुझे आवाज़ दे लेना। सुनो,' उन्होंने मेरी ओर मुड़कर कहा था—'तुम भी सोने की कोशिश क्यों नहीं करतीं? जो होगा, देखा जाएगा।'

राजू सो गए थे। दूसरे कमरे में पप्पू था और अंशुल।

दोनों शायद उस समय गहरी नींद में हों। केवल मैं जाग रही थी—तो यह भी कोई नई बात नहीं थी। कभी-कभी रात का बड़ा हिस्सा इसी प्रकार मैं दो दिनों को आपस में जोड़ने की कोशिश में बिता देती थी। सोचने पर लगता था, दो लगातार बीते दिन भी आपस में कितने भिन्न होते हैं! एक ही रात में सारा 'टोन' बदल जाता है। एक दिन को एक खास समय पर किसी विशेष मूड में अलविदा कहने के बाद हम सो जाते हैं और अगला दिन किसी दूसरे ही ढंग से हमारा स्वागत करता है। कभी-कभी तो यह अन्तर इतना अधिक होता है कि हम दिनभर एक अजीब प्रकार के मूड में बँधे रहते हैं, हर चीज़ बुरी लगती है, हर एक से झगड़ने को दिल चाहता है। मैं कभी-कभी इसी तरह रात को देर तक जागते हुए, आनेवाली सुबह और दिन के लिए अपने आपको तैयार-सा करती हूँ—वह पुल खोजती हूँ, जिसके सहारे आज कल से जुड़ पाए और दिनों में कुछ तालमेल रह सके। लेकिन फिर भी लगता है, जीवन कुल मिलाकर ऐसे दिनों का ही एक सिलसिला है जो आपस में बेजोड़ और बिलकुल अलग-अलग हैं। क्या सबके साथ ऐसा ही होता होगा? और मैंने जो बहुत पहले कभी सोचा था कि जीवन किसी म्यूज़िक कम्पोज़िशन की तरह है, जिसमें हर आवाज़ उसे उस क्लाइमेक्स की ओर ले जाती है, जहाँ पहुँचकर वह कम्प्लीट हो जाता है। स्टेप बाई स्टेप—धीरे-धीरे। मैंने करवट बदली थी, और फिर जाने कब मेरी नींद लग गई थी।

उन्नीस

आँख खुलने के थोड़ी देर बाद तक मैं वैसे ही सोती-सी पड़ी रही थी। फिर लगा था, सोने और इस जागने के बीच भी मैं अधसोई स्थिति में रही थी और रह-रहकर बेगिनती बार करवटें बदली थीं। जाने क्यों ऐसी बेचैनी मुझ पर सवार थी! फिर थोड़ी ही देर में दर्द शुरू हो गया था।

दूर कहीं पुलिस चौकी में घंटे बजे थे। अभी थोड़ी देर में सुबह हो जाएगी। अंशुल और पप्पू...राजू आज भी पता नहीं, दुकान जाएँगे या नहीं...। स्कूटर—नारायण का जाने उन्होंने वापस किया या नहीं...। पप्पू—क्या वह यहाँ तब तक रुकेगा जब तक जमीला नहीं आ जाती? और आ चुकी जमीला! अगर कुछ दिन पप्पू इसी तरह ठहरा रहा तो गाड़ी किस तरह चल पाएगी? यह नाटक कब तक खेला जा सकता है?

मेरे न सोचने के बावजूद दर्द धीरे-धीरे बढ़ता जा रहा था। अगर यह यूँ ही बढ़ता गया तो, मुझे लगा, थोड़ी ही देर में मेरी सहनशक्ति के बाहर हो जाएगा। पहले लगा, जैसे कहीं मेरे भीतर कोई दुखती-सी गर्मी है, और फिर एक-एक क्षण के साथ यह गर्मी एक तपती हुई भट्ठी में परिवर्तित होती गई। जाने कितनी देर तक मैं बिस्तर पर करवटें बदल-बदलकर बरदाश्त करने की कोशिश करती रही थी।

'राजू...' अन्त में मैंने मजबूर होकर राजू को पुकारा। पहले धीमी, बाद में ज़रा ऊँची आवाज़ में पुकारते हुए मैंने राजू को हिलाया था।

राजू नींद में डूबे-से उठकर बैठ गए थे। 'क्या हुआ?' उन्होंने नींद से भरी आवाज़ में पूछा था—'क्या है?' आवाज़ में वह झल्लाहट भी शामिल थी, जो आमतौर पर राजू को सोते से बेवक़्त जगाने पर उनके स्वर में आ जाती है।

मुश्किल से मैं बिस्तर पर उठकर बैठ पाई थी। 'अगर ज़्यादा दर्द न हो रहा हो तो लेटी रहो,' राजू ने आलस में डूबी-सी आवाज़ में कहा था। 'क्या बजा होगा?...बस, तो अभी थोड़ी देर में सुबह होती है। घबराओ मत यार, लेट जाओ।'

कुछ क्षण बाद राजू ने उठकर सिगरेट जलाई थी। 'क्या बहुत ज़्यादा हो रहा है? पहली बार उनकी आवाज़ में परेशानी झलकी थी।

'कहाँ जा रही हो?' मुझे बिस्तर पर बैठते देखकर उन्होंने पूछा था।

'बाथरूम...' बड़ी मुश्किल से मैं कह पाई थी।

राजू ने लपककर मुझे सहारा दिया था। 'देखो, घबराने की कोई बात नहीं,' उनकी आवाज़ में पिछली रातवाली निराशा इस समय नहीं थी, बल्कि मुझे लगा था, राजू ख़ुश होकर कह रहे हैं। उनकी आवाज़ ख़ुशी में डूबी हुई थी। उस तकलीफ़ के बावजूद, उस पल भी वह ख़ुशी का अन्दाज़ मेरे कहीं बहुत अन्दर जाकर चुभा था। फिर दर्द की दूसरी लहर बहाकर मुझे आगे ले गई थी। 'अब देखो, थोड़ी-बहुत तकलीफ़ तो होगी ही। ख़ुद पर थोड़ा क़ाबू रखो,' राजू ने बात पूरी की थी।

इतनी ही देर में मेरे कपड़े पसीने में नम हो चुके थे। राजू मुझे थामे हुए बाथरूम तक ले गए और फिर वह वहीं बाहर ही दरवाज़े के पास ठिठक के रुके थे। 'मैं यहीं खड़ा हूँ,' उन्होंने मुझे नज़र चुराते हुए कहा था। 'तुम आवाज़ दे लेना,' मुझे वहीं छोड़कर वह पास की दीवार पर टँगे कैलेंडर के पन्ने पलटने लगे थे।

अन्दर बाथरूम में सारे समय मेरी आँखें वहाँ जड़ी रही थीं, जहाँ पहले बोल्ट लगा हुआ था, जिसे एक दिन राजू ने स्वयं अपने हाथों से उखाड़ा था। 'हमें तो तुम हर हाल में अच्छी लगती हो,' राजू ने कहा था। तब जब नहाने से पहले मैंने सिर में बहुत सारा तेल उँडेल रखा था।

गर्मियों की दोपहर थी और बहुत देर तक मैंने घर की दीवारें, छतें और कोने-कोचर झटके और साफ़ किए थे। राजू जाने कैसे एकदम घर पहुँच गए थे। उस हाल में मुझे देखकर वह कुछ चुप-से हुए थे और उनकी आँखों की वह चमक! इस चमक को मैं तब तक ख़ूब समझने लगी थी।

'नहीं राजू,' मैंने यूँ ही ऊपरी दिल से राजू को अपने पास आने से रोकते हुए कहा था। 'क्या हुलिया हो रहा है, भंगनों जैसा। अच्छा नहीं लगता।'

'आप वैसे क्या भंगन से बेहतर हैं?' राजू ने व्यंग्य करते हुए कहा था। 'ज़्यादा-से-ज़्यादा भंगन नहीं तो आप मेहतरानी हो सकती हैं! और यार,' जैसे राजू को याद आया था—'हमारे एक क्लासफ़ैलो हुआ करते थे, अब तो कैनेडा चले गए। उनका मालूम है, क्या था...? एक भंगन उनके घर के सामने की सड़क पर रोज़ सबेरे झाड़ू दिया करती थी। पता चला, वह उस पर मर मिटे। जब तक वह झाड़ू देती, वह घर के सामनेवाले बस-स्टैंड पर खड़े उसे ताकते रहते। रोज़ सुबह का यह नियम था—चाहे दूसरे काम सब चूक जाएँ मगर सुबह बस-स्टैंड पर बैठना नहीं टल सकता था। 'पाक मुहब्बत' लोग मज़ाक़ उड़ाने के लिए कहते और एक

शेर उन पर फिट कर दिया था—मेहतरानी से दिल लगाते हैं, वह कमाती है आप खाते हैं!'

फिर वही सब कुछ हुआ था। 'तुम तो अगर सचमुच कहीं मुझे सड़कों पर झाड़ू देती भी दिख जातीं तो आज यहीं होतीं। और सुनो,' राजू ने पल-भर को रुकते हुए कहा था। 'आज यार, हम तुम्हें नहलाएँगे...'

बीस

'कुछ हुआ?' मेरे बाहर निकलते ही राजू ने मुझे सहारा देते हुए पूछा था। मेरे 'नहीं' कहने पर भी उनके उत्साह में कोई विशेष अन्तर नहीं आया था।

'तकलीफ़ ज़्यादा तो नहीं रही न?' उन्होंने मेरे साथ चलते हुए पूछा था।

समय बीतता रहा था और राजू सिगरेट पीते इन्तज़ार करते रहे थे। 'फ़िक्र मत करो। बस, थोड़ी देर की बात है, सब ठीक हो जाएगा,' वह रह-रहकर मुझे समझाते रहे थे।

एक बार फिर मुझे बाथरूम तक जाना पड़ा। राजू फिर बाहर ही रुक गए थे। ख़ून : जो चीज़ अन्दर जाकर मेरी नज़रों में ठहर गई थी, वह था ख़ून। मुझे चक्कर आ गया था, फिर भी हिम्मत करके मैंने ख़ुद पर क़ाबू पाया था, और किसी बड़ी दुर्घटना का इन्तज़ार करने लगी थी। दर्द—लगता था, जैसे मेरे भीतर किसी ने अरई डालकर बिलो दिया हो! वह दर्द, जब अंशुल का जन्म हुआ था, वह अलग था। तब मैं चीख़ें मारकर रोई थी। पैर चलाए थे। इस दर्द में एक अलग-सी घुटन थी। ख़ामोशी और घुटन। मैं चाहती थी, किसी तरह फट पड़ूँ। सारा दर्द और पीड़ा जो कुछ अन्दर था, सब बहकर निकल जाए।

घटनाक्रम इसी प्रकार चलता रहा था। बिस्तर से बाथरूम तक मैंने जाने कितने चक्कर लगाए थे। जाने कब अँधेरा छँटा था...कब पप्पू और अंशुल जागे थे...कब राजू किसी दायी को लेकर आए थे...फिर मुझे अस्पताल ले जाया गया था...जाने क्या-क्या हुआ था...कितनी देर तक होता रहा था...न जाने कितनी देर तक मैं होश और बेहोशी के बीच झूलती रही थी...कौन-कौन-सी आवाज़ें कहाँ-कहाँ से आती रही थीं...कौन-सी अजीब बू मेरे सारे अस्तित्व में फैल गई थी! मैं रह-रहकर सोती और जागती, और चीज़ें कभी मेरे पास आतीं, कभी दूर चली जातीं। कोई तकलीफ़ नहीं थी, कोई एहसास ही नहीं रह गया था।

'बड़ी मुश्किल से मानी,' जैसे ही मैं कुछ सुनने-बोलने के क़ाबिल हुई, राजू ने मेरे कान में फुसफुसाते-से स्वर में कहा था। 'वह तो पुलिस को फ़ोन करनेवाली

थी,' राजू ने डॉक्टर की ओर संकेत करते हुए कहा था। 'ऐसी बिगड़ी है, ऐसी बिगड़ी है कि मैं काँप-काँप गया। कहने लगी कि 'दिस इज़ प्लेन अटेम्प्ट टू मर्डर मिस्टर—आई विल सी टू इट दैट यू गो बिहाइंड द बार्स। (यह तो सीधा जान से मारने का मामला है—मैं आपको जेल भिजवा के रहूँगी।) मैंने हाथ जोड़े, समझाया कि सब कुछ ग़लती से हुआ है। तुमने ग़लती से ग़लत दवा अँधेरे में पी ली। मगर वह तो वो लाल-पीली हुई है, वो लाल-पीली हुई है कि बस! दूसरे लोगों ने समझाया, पता नहीं किस-किस की ख़ुशामद की और मैंने तो कह दिया कि अगर इसे कुछ हो गया तो मैं ख़ुदकुशी कर लूँगा।'

राजू की आवाज़ उस समय मुझे कहीं दूर से आती लग रही थी। कमरे में बिजली की रोशनी थी और मेरे ग्लूकोज़ की बोतल लगी हुई थी।

'क्या समय होगा?' मैंने राजू की ओर देखते हुए पूछा था।

'साढ़े आठ-नौ बज रहे होंगे,' राजू ने थकी-सी आवाज़ में उत्तर दिया था और मेरे सीने पर सिर टिका दिया था। 'यार,' उन्होंने कमज़ोर आवाज़ में कहा था—'थका डाला! और मल्लो! वही दायी, उसने तो ऐसा डरा दिया था। अच्छा हुआ, ठीक समय पर अस्पताल पहुँच लिए, कुछ देर और हो जाती तो...' राजू ने वाक्य अधूरा ही छोड़ दिया था। फिर कुछ क्षण बाद वह बोले थे—'मम्मी, जीजी, जीजाजी—सभी आए थे। मम्मी अभी पप्पू के साथ वापस गई हैं। अंशुल भी मम्मी के ही पास है।' फिर थोड़ी देर की चुप्पी। 'तुम ठीक हो न?' उन्होंने पूछा था।

थोड़ी देर बाद एहसास हुआ था कि मैं जनरल वार्ड में हूँ। आसपास दूर-दूर तक पलंगों की लाइन है। मरीज हैं। सिर्फ़ स्क्रीन लगाकर—मेरे पलंग को उस भीड़ से काट दिया गया है।

'प्राइवेट वार्ड के लिए वेटिंग-लिस्ट में नाम लिखवा दिया है,' राजू ने बताया था। 'फ़ौरन तो मिलने से रहा! और फिर मैं या तो तुम्हारे लिए भाग-दौड़ कर लेता या प्राइवेट वार्ड के लिए। और वक़्त कहाँ था?' राजू ख़ुद ही प्रसंग को निकालकर, उसके बारे में बात करते-करते झल्ला गए थे।

'मगर बुराई क्या है?' मैंने कहा था।

'क्या?' राजू ने न समझने के अन्दाज़ में पूछा था।

'जनरल वार्ड में ऐसी क्या बुराई है? आख़िर यहाँ भी तो मरीज़ आते ही हैं।'

'जो भी हो,' राजू ने बात काटते हुए कहा था—'उम्मीद है, कल तक प्राइवेट वार्ड मिल जाएगा।' थोड़ी देर वह चुप बैठे रहे थे। फिर—'अभी आता हूँ,' कहकर कहीं चले गए थे।

इक्कीस

रात के नौ। लगभग दिनभर मैं होश और बेहोशी के बीच रही थी और उस बीच रह-रहकर मुझे ऐसा लगा था, जैसे मैं मर गई हूँ! हो सकता है, सचमुच मरते समय ऐसा न लगता हो। उस समय सचमुच आदमी पता नहीं क्या सोचता हो! उसे कैसा लगता हो! न ये मालूम कि मरने के बाद उसे कैसा प्रतीत होता होगा। जीवित रहते मौत की याद दिलानेवाले प्रतीक सचमुच मरते समय कितने महत्त्वपूर्ण होते होंगे, मुझे नहीं मालूम लेकिन इस दस-बारह घंटों के अन्तराल को अब अपने होशो-हवास में परखते ऐसा लगता है, जैसे मैंने यह मान लिया था कि मैं मर चुकी हूँ।

'आज हम तुम्हें नहलाएँगे,' राजू की आवाज़ बेहोशी की उस गहराई में जैसे तेज़ होती जाती।

'नहीं राजू,' मेरी आवाज़—फिर सब गड्डमड्ड हो जाता।

राजू मुझे नहला रहे हैं। बहुत तेज़ रोशनी है। राजू ने आँखों पर चश्मा लगा रखा है।

'अच्छा नहीं लगता...' मैं कह रही हूँ। फिर हमारा बाथरूम बदल जाता है। वहाँ सफेद टाइल्ज़ हैं, लम्बा-सा चीनी का टब है, तरह-तरह के नल हैं। राजू और मैं—हम दोनों उस टब में।

'अच्छा नहीं लगता...,' मैं कह रही हूँ।

राजू तौलिए से मेरा शरीर सोख रहे हैं। फिर बाथ-टब में एकदम मुझे ख़ून नज़र आता है। अन्दर मैं अकेली रह जाती हूँ। बाथरूम का दरवाज़ा बाहर से बन्द है और उसका अन्दर का बोल्ट उखड़ा हुआ है।

'राजू! दरवाज़ा खोलो!' मैं चीख़ती हूँ। न जाने कब तक चीख़ती रहती हूँ। और फिर एकदम वैसा ही लगता है : बड़े अचम्भे में पड़कर मैं सोचती हूँ कि मैं तो मर चुकी हूँ। राजू यहाँ कहाँ आएँगे। और बस, अँधेरा-ही-अँधेरा। फिर किसी दूसरे क्रम में यही बस बातें जुड़ने-टूटने लगती हैं।

'मगर तुम ख़ुद ही तो कहते हो...' उस दिन जब राजू मुझे नहलाने के लिए अड़े

हुए थे तो मैंने उनसे कहा था कि कुल मिलाकर गिनी–चुनी चीज़ों का नाम ही जीवन है। सब कुछ सोच–समझकर मौक़े–मौक़े से करने का है, वरना चीज़ें हैं ही कितनी जो बहुत चलेंगी। और जब भी यह स्थिति आ जाए, समझ लो, चट्टान पर बैठकर आसमान ताकने के अलावा हम किसी काम के नहीं रहे।

'तुम भी यार कमाल की बात करती हो,' राजू ने तंग आए स्वर में कहा था। 'अब कह दिया होगा किसी मूड में...चलो यार, जल्दी करो!'

बाद में शॉवर के नीचे उन्होंने कहा था—'यार, तुम्हारे–हमारे बीच भी कोई चीज़ पुरानी हो सकती है! तुम्हारी हर अदा, हर भाव मेरे लिए तो हमेशा नया रहेगा। मैं तो यह चाहूँगा कि तुम्हारे बच्चा हो तो भी एक पल को मैं तुम्हारे पास से न हटूँ। लोग कहते हैं कि उस हालत में औरत को देखने के बाद दोबारा मर्द हिम्मत नहीं कर सकता लेकिन इसे पत्थर पर लिखी बात समझो कि मेरे लिए तुममें कुछ फ़र्क़ नहीं आ सकता...मैं हमेशा यही चाहूँगा, यही करूँगा।'

राजू और पप्पू, दोनों वार्ड में आए थे। पप्पू ने बग़ैर नज़रें मिलाए मुझसे तबीयत के बारे में पूछा और फिर पास की बैंच पर बैठ गया।

बाईस

कुल मिलाकर पन्द्रह दिन मुझे हॉस्पिटल में रुकना पड़ा था।

प्राइवेट वार्ड का इन्तज़ाम अन्त तक हो नहीं पाया था। हाँ, हॉस्पिटल से छुट्टी होने के दो-तीन दिन पहले एक शाम राजू ने बताया कि आज एक वार्ड ख़ाली हुआ है। तब तक मेरी हालत सँभल गई थी।

'लेकिन अब तो बेकार-सा लगता है,' मेरे बोलने से पहले ही राजू ने कहा था। 'अब आजकल में तो छुट्टी होने वाली है, क्यों?' उन्होंने मुझसे पूछा था और मेरे मना करने पर फिर इस सम्बन्ध में कुछ बात नहीं की थी।

पप्पू दो-तीन दिन बाद पूना वापस चला गया था और जाने से पहले राजू ने उसे अच्छी तरह समझाया था कि इस दुर्घटना के बारे में वह वहाँ किसी से कुछ न कहे।

पहले दो दिन तक रात को घर की पुरानी नौकरानी मेरे साथ रही। उसके बाद—'वह तो डॉक्टरों से जान-पहचान की वजह से उन्होंने दो दिन को भी अटेंडेंट अलाउड कर दिया,' राजू ने मुझे बताते हुए कहा था—'वरना ऐसा होता थोड़े है।'

बहरहाल, इसके बाद की रातें मुझे अकेले ही बितानी पड़ी थीं।

राजू की मम्मी पहले दो-तीन दिन अस्पताल आईं, फिर जैसे ही मेरी हालत कुछ बेहतर हुई थी, उनका आना-जाना बन्द हो गया।

डॉक्टर ने कहा था कि मैं इसे दूसरा जन्म समझूँ। अगर थोड़ी-सी देर और हो जाती तो मेरे बचने की कोई सम्भावना नहीं थी। इस तरह गर्भपात अटेम्प्ट करना सीधी-सीधी मौत को दावत देना था।

'ख़ून इतना निकल गया,' डॉक्टर-इन्चार्ज ने मुझे बताते हुए कहा था—'और मैं डरा नहीं रही, लेकिन दिस केन हैव फार रीचिंग इफेक्ट्स। (इसके दूरगामी परिणाम हो सकते हैं।) बहुत अच्छा होगा, ऐसा न हो, लेकिन हो सकता है, कोई हिस्सा सीरियसली इफेक्ट हो गया हो! सब कुछ जो आपने पिया था—आपको मालूम नहीं, सारे में छाले पड़ गए हैं! आप लोगों को किस तरह समझाया जाए! पढ़े-लिखे समझदार लोग ऐसी हरकतें करते हैं।'

दवाएँ चलती रही थीं। न जाने कितनी तो ग्लूकोज़ की बोतलें ही चढ़ाई गई थीं।

छुट्टी होने के बाद जब मैं घर लौटी तो भी कमज़ोर इतनी थी कि मैं मुश्किल से ही कुछ क़दम चल पाती, और ख़ून रुकने का नाम ही नहीं लेता था। अंशुल तक को सँभाल पाना मेरे लिए एक समस्या हो गई थी।

'इस नौकरानी से क्या तुमने काम पर आने को कहा है?' एक दिन राजू ने चुभते-से स्वर में मुझसे पूछा था।

दरअसल, नौकरानी मेरी हालत देखकर ख़ुद ही रोज़ घर आने और छोटे-मोटे काम करने लगी थी। यहाँ तक कि कभी-कभी वह ख़ुद ही खाना भी बना जाती।

'मेरा मतलब यह है कि खाने-पीने के ही तो लाले पड़े हुए हैं, जाने कहाँ से तैसे-तैसे करके अस्पताल और दवाओं का ख़र्चा पूरा किया है। क्या समझती हो डॉक्टर की फीस ही... ?' वह एक पल को चुप हुए। 'इतने पैसों में तो एक बच्चा ही पल जाता।'

जाने क्या हुआ, और मेरे हाथ-पैर एकदम काँपने लगे थे।

यह सब कुछ, मैंने काँपते हुए तेज़ स्वर में राजू को सम्बोधित करते हुए कहा था—'यह सब कुछ मेरे करने या चाहने से हुआ है?'

'देखो, भावुक होने से काम नहीं चलेगा,' राजू ने एकदम सधी हुई आवाज़ में कहा था। 'ज़रा प्रैक्टिकल बनो। मेरी! तुम्हारी! भोगना तो हमें ही पड़ेगा। चलो, मेरे कहने और करने से हुआ है, तो मैंने जानकर तो किया नहीं था। मुझे सपना तो आया नहीं था कि यह सब खूता हो जाएगा। अब जो भी हुआ, भुगतना तो पड़ेगा ही।'

'ठीक है,' मैं काँपती हुई बिस्तर से उठी थी और पास की टेबल पर रखी दवाओं की शीशियाँ उठा-उठाकर फ़र्श पर, सामने की दीवार पर मार-मारकर तोड़नी शुरू कर दी थीं।

'यह क्या कर रही हो?' राजू ने सकपकाए-से स्वर में चिल्लाकर पूछा था। 'क्या पागल हो गई हो?' राजू ज़ोर से चिल्लाए थे और आगे बढ़कर मेरे हाथ पकड़ना चाहे थे।

सारे शरीर की शक्ति मेरी बाँहों में आ गई थी। एक-एक शीशी, थर्मामीटर, पानी का गिलास—कुछ नहीं बचा था। और फिर मैं एकदम फूट-फूटकर रोई थी। ऊँची आवाज़ में, चिल्ला-चिल्लाकर, बिलख-बिलखकर। मेरे पूरे शरीर में कँपकँपी शुरू हो गई थी और मैं बिना यह सोचे कि मेरी आवाज़ कहाँ-कहाँ पहुँच रही होगी, दहाड़ें मार-मारकर रो रही थी।

मुझे देखकर अंशुल भी चीख़-चीख़कर रोने लगा था और राजू उसे गोद में उठाकर कमरे के बाहर निकल गए थे। मैं उसी तरह तकिए में मुँह छिपाए फूट-फूटकर रोती रही थी और जाने कब रोते-रोते ही बेसुध हो गई थी।

थोड़ी देर बाद जब मेरी आँख खुली तो भी रोने से मेरे मन का तनाव कम नहीं हुआ था। पूरी बात याद कर-करके मैं फिर बिलकुल दीवानों-सी कमरे में टहलने लगी थी—राजू के इन्तज़ार में।

मैं सोचती रही थी, उन तमाम बातों को, जो मुझे राजू से कहनी थीं। वह सब बातें जो जाने कब-कब मेरे दिमाग़ के अंधे कोने में ढेर होती गई थीं। वह सब छोटी-बड़ी ज़्यादतियाँ, वह सब न महसूस होनेवाली बातें एकदम बिच्छू के डंक बनकर सिलसिलेवार मुझे डस रही थीं।

कहीं हमारे दिमाग़ के किसी हिस्से में हम बिच्छू पालते हैं। जाने-अनजाने इन बिच्छुओं को बड़ा करते हैं और हमारे सारे निर्णय शायद इन बिच्छुओं के डसने की देन ही होते हैं। उन डंकों का विष ही हमारी शक्ति होती है। लोगों की छोटी-छोटी बातें, ज़्यादतियाँ, हमारे द्वारा सहे गए, और सामयिक स्तर पर ओवर-लुक कर दिये गए अपमान—यह जो धीरे-धीरे इकट्ठे होते हैं, धीरे-धीरे ढेर हो जाते हैं। इन ढेरों में बिच्छू जन्म लेते हैं, पलते हैं, शक्ति पाते हैं।

थोड़ी देर बाद अंशुल अकेला घर में आया। वह अपने छोटे-छोटे अस्थिर क़दम बढ़ाता हुआ मेरी ओर बढ़ा। उसके मुख पर आँसुओं के निशान थे। अंशुल ने मेरी ओर देखा था और फिर से रोना शुरू कर दिया था।

एकदम दौड़कर मैंने अंशुल को अपने कलेजे से चिपटा लिया था।

'नहीं बेटा, रोते नहीं!' एकदम मेरी आवाज़ बहुत गम्भीर और सन्तुलित हो गई थी। 'बेटा रोता थोड़े है,' अंशुल हिचकियों से रोता रहा और मैं उसी तरह उसे सीने से चिपटाए फ़र्श पर बैठी रही, उसके सिर पर हाथ फेरती रही, उसकी पीठ सहलाती रही।

जब वह रो-रोकर चुप हो गया था तो मैंने कहा था—'अंशु बेटा, तुम रोते क्यों हों?'

इस पर उसने फिर से ठुनकना शुरू कर दिया था और मैं उसकी ओर देखकर ज़ोर से हँस पड़ी।

'अरे, छी-छी! बेटा, कितना बुरा लगता है। कहीं अच्छे बच्चे भी रोते हैं!'

'तुम भी तो रोती...,' अंशुल ने डबडबाई आँखों से मेरी ओर देखते हुए कहा।

'हम...? हम कहाँ रोते हैं?' मैंने मुस्कुराते हुए उसकी ओर देखते कहा था। 'देखो, हम तो हँस रहे हैं,' और आवाज़ से हँसते हुए मैंने फिर अंशुल को चिपटा लिया था, उसे प्यार करती रही थी।

अंशुल की कमीज़ की जेब और निकर, दोनों में टॉफ़ीज़ भरी हुई थीं। मैंने बाथरूम में ले जाकर उसका मुँह-हाथ धोया, कपड़े बदले और उसके बाद चित्रों की वह किताबें लेकर बैठ गई जो पप्पू ने अंशुल को दिखाई थीं।

बच्चे पता नहीं, किस तरह सब कुछ समझ लेते हैं! पूरे समय अंशुल मेरे साथ

इस तरह रहा था, जैसे वह पूरी स्थिति समझ रहा हो! न उसने कोई ज़िद की थी, न अपनी ओर से कुछ कहा था। मैं जो कुछ बातें उससे करती रही, उन्हीं में जोड़ता रहा। मुझे हँसते देखकर ठहाके लगा-लगाकर हँसा, मेरी तमाम बातें बहुत ग़ौर से सुनता रहा। न कोई सवाल, न शिकायत।

जब तक राजू लौटे, वह बर्फ़, जो एकदम पिघली थी, फिर से जमने लगी थी। वह सब सवाल जो एकदम सिर उठाकर हमलावर हुए थे, फिर अपनी छुपने की जगहों को लौट गए थे और उन सबकी जगह रह गया था एक ख़ालीपन, एक और दूरी।

तेईस

राजू शाम को देर से लौटकर चुपचाप बैठे रहे थे और सिगरेट पर सिगरेट सुलगाए, किसी मैगज़ीन, जो शायद पप्पू भूल गया था, के पन्ने पलटते रहे थे। अन्त में वह उठकर मेरे पास आए थे।

'कल तुम्हें डॉक्टर के पास जाना है। याद है?' उन्होंने दरवाज़े पर ही खड़े-खड़े सिगरेट का धुआँ छोड़ते हुए कहा।

मैं चुप रही।

'सुना?' उन्होंने फिर पूछा था, और उत्तर देने से पहले ही मेरे पास आकर बैठ गए थे। 'अब तो तुमसे भी कुछ कहना मुश्किल हो गया है। ठीक है, जब कोई ग़लत मतलब निकालने पर ही तुला बैठा हो तो। तुम्हीं बताओ, मैंने ऐसी कौन-सी ग़लत बात कही थी? अपनी हालत क्या किसी से ढकी-छुपी है? आजकल तो ओढ़ लो या बिछा लो में से भी, न तो पूरी तरह हम ओढ़ने में समर्थ हैं, न बिछाने में। वह लाखों का क़र्ज़ा तो आप अलग ही छोड़ो, उसके बारे में तो सोचना भी फिजूल है, ये डे-टु-डे के जो छोटे-छोटे क़र्ज़े हैं, वही अब इतने हो गए हैं कि...! उधर नारायण! सब साले इसी दिन के लिए साथ थे। तुम्हारे ऑपरेशन के समय मैं कुछ पैसों के लिए उसके पास गया, उसने साफ़ इनकार कर दिया। इससे पहले भी तुम्हारे बारे में मुझसे जाने क्या-क्या कहता रहता था। अगले दिन ही मैंने जितने पैसे उससे लिये थे, ले जाकर उसके मुँह पर मारे और कहा कि अब मैं दुकान पर नहीं आऊँगा। उसने तो ये तक कहा कि मैं रोज़ के कैश-बॉक्स से पैसे उड़ाता रहा हूँ। तो यह है। हम तो न किसी से कह सकते, न किसी के सामने रो सकते। और तो और, ऐसी हालत में हमारे मुँह से अगर कुछ ऐसा-वैसा निकल जाए, तो हमारे अपने, क़रीबी हमें माफ़ तक नहीं कर सकते। तुम यह नहीं सोच पाईं कि किसी वजह से मेरा दिमाग़ खराब होगा। कहीं कुछ उलटा-सीधा हुआ होगा, तभी तो मेरे मुँह से इतनी घटिया बातें निकलीं। क्या मैं नहीं चाहता कि तुम आराम से रहो? क्या मैंने कभी तुम्हें आराम से रखने की कोशिश नहीं की है? आप कल से ही, एक नहीं, दस नौकरों को रखिए, क्या मजाल जो मैं मना करूँ! कहीं से भी लाएँगे,

अपनी खाल-चमड़ी गिरवी रखकर, बेचकर। तुम्हें ख़ुश देखने से यह क्या ज़्यादा है? नहीं, बताओ?

थोड़ी देर के लिए चुप्पी रही थी।

'यह सब परेशानियाँ क्या मेरा दिमाग़ चौपट करने के लिए काफ़ी नहीं हैं कि ऊपर से पप्पू की मौजूदगी! रही-सही कसर उसने पूरी कर दी। मोटर कहाँ है, तो फ्रिज कहाँ गया, तो प्राइवेट नर्सिंग-होम क्यों नहीं? बिलकुल दिमाग़ की चूलें हिल गईं! ऊपर से यह फिक्र कि किसी भी तरह कहीं से करके इस सूअर की औलाद नारायण के पैसे वापस करना है। और फिर तुम्हारी तबीयत। सुननेवाली तो एक तुम्हीं हो, और तुम्हारे सामने भी मैं कुछ कहकर अपने दिल का बोझ हलका नहीं कर पाया।'

बहरहाल, सब फिर ठीक हो गया। अगले दिन राजू मुझे डॉक्टर के पास लेकर गए। उन्होंने नौकरानी को रखने पर भी ज़ोर दिया था, लेकिन मैंने इनकार कर दिया था।

'कुछ काम भी तो हो,' मैंने राजू को समझाते हुए कहा था। 'और अब तो मैं ठीक होती जा रही हूँ, सब हो जाएगा।'

'यार, अपने फिर भी अपने ही होते हैं,' उस दिन अस्पताल से वापस लौटकर घर पहुँचने पर राजू ने कहा था। बिना किसी सन्दर्भ से जोड़े कही गई यह बात सुनकर मैं चुप रही थी।

'सुना तुमने?' मुझे चुप देखकर राजू ने फिर से जोड़ा था। 'रिश्ता रिश्ता ही होता है। दोस्ती-वोस्ती सब देख ली। साँप के काटे का इलाज है, दोस्त के काटे का नहीं। रिश्तेदार लाख आपस में लड़ें-झगड़ें, कितनी दुश्मनी हो जाए, लेकिन ख़ून पानी से गाढ़ा होता है। और मैं तो,' राजू ने मेरे और नज़दीक आते हुए कहा था—'आई जस्ट कुड नाट बिलीव इट। जब जीजाजी ने मुझसे कहा। मेरे उनसे ऐसे सम्बन्ध ही क्या हैं? न कभी मैंने उनकी कोई परवाह की, तुम जानती तो हो...'

बात यह थी कि जीजाजी दवाइयों की कोई दुकान ख़रीदना चाहते थे, और यह कि राजू उस दुकान को चलाएँ।

'क्या दुकान तुम्हारे नाम से ख़रीदी जाएगी?' मैंने राजू की बात सुनने के बाद पूछा।

राजू थोड़ी देर तक सोचते रहे।

'जीजाजी अपने या जीजी के नाम से तो लेने से रहे, क्योंकि दोनों गवर्नमेंट सर्विस में हैं,' राजू ने सोचते हुए कहा। फिर जैसे एकदम सारी बात उनकी समझ में आ गई थी। 'यार, तुम भी कैसी बात करती हो? मेरे नाम से ख़रीदकर वह दुकान क्या ज़ब्त कराएँगे? सारे क़र्ज़दार साले फ़ौज लेकर हमला कर देंगे। ख़ैर...' राजू ने इस बात को जैसे अलग करते हुए कहा—'किसी के नाम से भी लें, तय यह हुआ

है कि दफ़्तर से पहले सुबह दस बजे तक वह दुकान पर बैठेंगे, दस से साढ़े पाँच बजे तक मैं। और इसके बाद फिर जीजाजी। क्या बुराई है?' राजू ने मेरी ओर देखकर कहा था—'दूसरों की दुकान पर बैठने से तो अच्छा ही है।'

'लेकिन,' मैंने रुकते-रुकते पूछा था—'आपको दवाओं के बारे में क्या नॉलेज है? उसके लिए तो किसी सर्टिफिकेट की ज़रूरत होती है न?'

'वह सब छोड़ो। बस, कुछ दिन परेशानी रहेगी तो किसी को नौकर रख लेंगे। और तुम जानती हो,' उन्होंने गर्व से मेरी ओर देखते हुए कहा—'अपने लिए कुछ ज़्यादा मुश्किल नहीं होता। हार्डवेयर के बारे में क्या मालूम था; या नारायण की खेती में जो इतनी मदद की, वह हमने ख़ुद कब की थी? वह तो सब हो जाएगा, तुम फ़िक्र मत करो।'

और राजू जीजाजी के साथ दुकान की ख़रीदारी में लग गए थे।

चौबीस

पूना से मम्मी की लम्बी-चौड़ी चिट्ठी आई थी और इससे पहले कि मैं जवाब लिखूँ, ज्योति घर आ पहुँची थी।

चिट्टी पढ़कर मुझे यह अन्दाज़ा हुआ था कि अगर पप्पू ने पूरा-पूरा नहीं, तो भी काफ़ी कुछ घर पर बता दिया था।

'अगर तुम लोगों को,' मम्मी ने चिट्ठी में लिखा था—'कोई भी परेशानी है तो तुम्हें कम-से-कम मुझे तो लिखना चाहिए था। तुम पूरी-पूरी बात मुझे बिलकुल साफ़-साफ़ शब्दों में लिखकर भेजो और अगर सम्भव हो सके तो फ़ौरन पूना पहुँचो। जब से पप्पू वापस आया है, मैं बराबर तुम लोगों के बारे में सोच-सोच कर परेशान हूँ।'

इसके अलावा पप्पू और जमीला के बारे में था कि 'तुम परेशान मत होओ। जमीला उसके घरवालों को मिल गई है और अब उसकी शादी भी हो चुकी है। पप्पू ज़रूर यह ख़बर सुनकर दुखी है।'

चिट्ठी जान-बूझकर मैंने राजू को नहीं दिखाई। और इससे पहले कि मैं इसका उत्तर दे पाती, ज्योति घर पहुँच गई।

ज्योति के बारे में जो चीज़ सबसे आश्चर्यजनक लगती रही है, वह यह कि वह कितनी सुविधापूर्वक चीज़ों को एज़-इट-इज़ (जैसी हैं वैसी) मानकर आगे चलती है। बड़ी-से-बड़ी परेशानी या मुश्किल का उस पर कोई ख़ास असर नहीं पड़ता। वह चीज़ों को जैसी हैं, एक पल में समझकर अपने को उसी धरातल पर ले आती है। बचपन से मैंने उसे ऐसा ही देखा है सो इस बार भी ज्योति ने घर पहुँचकर न किसी तरह का आश्चर्य दिखाया था और न ही कोई सवाल किया था और पहुँचने के घंटे-भर के अन्दर ही उसने घर की सारी ज़िम्मेदारियाँ अपने हाथों में ले ली थीं।

'तुम बहुत कमज़ोर हो गईं,' उसने दोपहर को मेरे लिए सूप बनाते हुए कहा था, 'कुछ दिन अच्छी तरह से आराम करो।'

मुझे इस बात का अन्दाज़ा था—यही कि मेरे भाई-बहन सबसे ज़्यादा मुझे ही चाहते हैं। जाने उसके कारण क्या रहे हों। जो भी हों, लेकिन पप्पू, ज्योति और घर

के सब छोटे भी, न केवल मुझे चाहते थे, बल्कि एक ख़ास तरह से मुझसे डरते भी थे। कोई भी काम शुरू करने से पहले, कहीं एडमिशन लेते समय, कोई भी बड़ा निर्णय करने से पहले ये लोग मेरी राय ज़रूर लेते थे। अब जब मैं सबसे इतनी दूर थी, तो भी ख़त लिखकर ही ये लोग कम-से-कम मुझे बताते ज़रूर थे। यह सम्बन्ध इस प्रकार जाने कितने दिन और चल पाएँ, क्योंकि मुझे लगता था, फ़र्क़ तो हर बात से पड़ता है। कल पप्पू आया था, यहाँ के हालात देखकर गया, उसके रवैए में कुछ-न-कुछ अन्तर पाना बिलकुल स्वाभाविक है। हमारी इस हालत को देखकर उनके उस विश्वास को, जो इन लोगों को मुझमें है, चोट पहुँचती होगी। उनकी नज़रों में मेरा कम होना समझ में आता था। अब मैं ख़ुद भी उस दृढ़ता के साथ उनसे कोई बात नहीं कह सकती...मेरी उन बुनियादों ने जो केवल कुछ समय से मेरी थीं, न सिर्फ़ मुझे अपने अतीत की बुनियादों से डिगा दिया था बल्कि अब वह ख़ुद खोखली होकर मेरे अस्तित्व को अजीब बनाए दे रही थीं। कल तक जो सच था, अगर उनका वही व्यवहार भी मेरे साथ रहा, तो भी उसके पीछे, मैं जानती हूँ, केवल एक दया-भाव रह जाएगा। सब वैसा ही करेंगे, सिर्फ़ इसलिए कि कभी ऐसा ही होता था।

बहरहाल, ज्योति के आने से बहुत अन्तर पड़ा और मुझे यह पूरी तरह पहली बार महसूस हुआ कि मैं सचमुच बहुत कमज़ोर हो गई हूँ। तरह-तरह के दर्द, चक्कर और रह-रहकर यह लगना जैसे मेरा दिल बैठा जा रहा है। और घबराहट। दवाएँ फिर आ गईं और मैंने फिर से खाना भी शुरू कर दीं, लेकिन मेरी हिम्मत राजू से यह पूछने की नहीं हुई थी कि इस बार इस सब कुछ के लिए पैसे कहाँ से आ रहे हैं।

'मैं कितने ही केमिस्ट्स से मिल चुका हूँ,' राजू ने बताया था—'और सबका यही कहना है कि धन्धा अगर थोड़ी-सी समझदारी से किया जाए तो घाटा होने का तो सवाल ही नहीं उठता। अब आप कितना कमाते हैं, यह आपकी हिम्मत की बात है, यार,' राजू ने बहुत उत्साह से आँखें फाड़कर हाथ हिलाते हुए कहा था—'इसी धन्धे में लोग लखपति बन गए हैं, सालों ने बिल्डिंग तान ली है! एक है, शफी करके। अपने घर के सामने पहले एक डॉक्टर था शर्मा, अब तो मर गया, उसके यहाँ यह कम्पाउंडर हुआ करता था। आज उसकी छह मंज़िली तो बिल्डिंग है, जीप है, स्कूटर है। साले के ठाठ हैं। इस ज़माने में भी पट्ठा यारों के साथ शिकार खेलता फिरता है! वैसे कुछ लोगों का कहना यह भी है कि वह अफीम के धन्धे में बना है,' राजू ने रौ में बोलते-बोलते ही जैसे ऊँची आवाज़ में सोचा था। 'कहने को तो लोग बहाना ढूँढ़ते हैं, मेरे बारे में लोगों का ख़याल है कि मैंने औरत...' और एकदम सकपकाकर राजू ने वाक्य अधूरा ही छोड़ दिया था और खिसियानी-सी हँसी हँसे थे।

'बहरहाल,' थोड़ी देर बाद उन्होंने जोड़ा—'अगर इस बार ही लठ लग गया तो

दलिद्दर दूर हो जाएँगे! सारे नियम और उसूल, साले खूँटी पर टाँग के, जितनी भी बेईमानियाँ हैं, सब करूँगा। अपने दोस्तों को ही दो नम्बर की और एक्सपायर्ड मेडिसिन बेचूँगा—सारे काले धन्धे करूँगा। बस, तुम देखो, कुछ दिनों में ही मैं क़ालीन उलटने वाला हूँ। सब साले देखते रह जाएँगे। ज़रा शुरू तो हो जाए। तुम समझती हो, मैं भावुक हूँ, जीजाजी को समझ नहीं रहा। मैं ख़ूब समझता हूँ। क्या उनकी मेंटिलिटी मुझे मालूम नहीं है? आज साले हमारे ही टूटे पैरों पर खड़े होकर हमें दलदल से खींच निकालने का दम भर रहे हैं! मुझे सब मालूम है, लेकिन कोई दूसरा रास्ता भी तो हो। अब हमने भी मौक़े से फ़ायदा उठाना सीख लिया है—अस्पताल का ख़र्चा और सब दूसरे पैसे मैंने उन्हीं से लिये हैं।'

राजू दुकान की ख़रीदारी में लग गए थे। कई रातों को वह देर से लौटे, घर पर भी दिन का अधिकांश वह जोड़ने, घटाने, दवाओं की क़ीमतें लगाने में बिता रहे थे। दो-तीन मोटे-मोटे रजिस्टर हर समय उनके सामने खुले रहते और वह हरदम किसी-न-किसी हिसाब में उलझे रहते।

'इतने मौक़े की दुकान है,' वह आप-ही-आप ख़ुश होकर कहते, 'वह तो सिंधी का लौंडा साला निकम्मा था, वरना ऐसी दुकान! अरे बेचना समझ में ही नहीं आता। मार्केट के नुक्कड़ पर, अस्पताल के इतने पास और उस एरिये में प्राइवेट प्रैक्टीशनर्स कितने हैं! बस, तुम तो यह समझ लो कि हम लोगों की तकलीफ़ों के दिन लद गए। थोड़े ही दिनों में तुम्हारे क़दमों में पैसों के अम्बार होंगे। फिर करना तुम ऐश! कहीं घूमने चलेंगे—क्यों?'

ज्योति और राजू के बीच भी स्थिति वह नहीं थी जो मेरी दूसरी बहनों और राजू के बीच थी। ज्योति के साथ आमतौर पर राजू का कोई टैंशन नहीं रहता था। 'बहुत अच्छी लड़की है,' राजू उसके बारे में बुज़ुर्गों के अन्दाज़ में कहते, यह जानते हुए कि ज्योति मुझसे बड़ी थी। और फिर एकदम मेरी ओर देखकर कहते—'बस, थोड़ी सूरत और अच्छी होती तो! क्या कमीनापन है, भला उस जैसी लड़की के लिए लड़के नहीं मिल रहे। जिस घर में जाएगी, स्वर्ग बना देगी। सारे घरवाले उसके आगे-पीछे दौड़ेंगे। बस, थोड़ी शकल...।'

ज्योति की शक्ल एक तो वैसे भी मामूली थी और चश्मा लगाने के बाद वह अपनी उम्र से भी ज़्यादा लगने लगी थी। राजू उसकी अच्छाई करते हुए अक्सर यह जोड़ देते—'अपनी तो उससे पाक मुहब्बत है!'

जब से दुकान का सिलसिला हुआ था, राजू अक्सर मम्मी और जीजी के उधर भी जाने लगे थे। 'बातचीत तो सिर्फ़ जीजाजी से ही होती है,' उन्होंने मुझे आश्वासन देते हुए कहा था। 'मम्मी और जीजी से तो...'

ज्योति की भी राजू की मम्मी से ठीक निभ जाती थी, इसलिए वह भी उनके पास जाती-आती रहती और राजू की मम्मी मेरे सन्दर्भ में उससे भी कोई बात कहते

न चूकतीं। 'जब अपनी औलाद में ही ख़राबी हो तो किसी दूसरे का क्या रोना रोना। हमारे बेटे में ही समझ होती तो यह दिन थोड़े आता...' उन्होंने गुज़रे दिनों का पूरा ब्यौरा देते हुए ज्योति को बताया था।

'और काने को अगर अंधा मिल जाए तो क्या होगा! तुम्हारी बहन ने रही-सही कसर भी पूरी कर दी।'

राजू की मम्मी से तमाम हालात मालूम होने पर भी ज्योति ने कोई अधिक सवाल नहीं किए थे। घर के काम से निपटने के बाद वह अक्सर किताबें पढ़ती रहती थी—किसी भी तरह की कोई किताब उठाकर घंटों उसमें खोई रहती। या फिर अंशुल के साथ सिर मारती, उसे पढ़ाने की कोशिश करती, कहानियाँ सुनाती।

घर के सारे कामों से पूरी-पूरी छुट्टी मिलने पर भी मेरे स्वास्थ्य पर अच्छा प्रभाव नहीं पड़ा था। किसी तरह मेरी हालत ठीक होने को ही नहीं आती थी। पिछली बार जब मैं डॉक्टर के पास गई थी तो उसने जांडेस (पीलिया) का शक़ किया था और दवाओं की एक और लम्बी लिस्ट मेरे हाथों में थमा दी थी। बिस्तर पर आराम, खाने में यह परहेज़, वह परहेज़, यह ज़रूरी। मुझे लगा, अब फिर राजू कुछ कहेंगे।

नुस्ख़ा ग़ौर से देखने के बाद राजू ने बताया था कि ज़्यादातर दवाएँ उनकी दुकान पर ही हैं। फ़िक्र करने की कोई बात नहीं, शाम को वह लेते हुए आएँगे।

पच्चीस

कोई डेढ़ माह रहने के बाद ज्योति पूना वापस चली गई थी।

'अब तो तुम कुछ ठीक लग रही हो,' वापसी की बात निकालते हुए उसने कहा था। 'इतने दिन हो गए। वहाँ मम्मी, पप्पू को लेकर वैसे ही परेशान थीं। यह सब बातें तो बाबा को भी नहीं बताई जा सकतीं न। अगर ठीक समझो तो तुम भी पूना चलो। कुछ दिन रहकर आ जाना। कम-से-कम आबोहवा ही बदलने का कुछ फ़ायदा होगा। मम्मी की कल जो चिट्ठी आई है, उसमें लिखा है कि मैं तुम्हें साथ लेकर ही आऊँ।'

पूना जाने के बारे में एक बार तो मैंने सोचा भी लेकिन फिर बिना किसी समझी-बूझी वजह के मैंने वहाँ जाने का ख़याल दिल से निकाल दिया था।

'हम लोग कुछ दिन बाद साथ ही जाएँगे,' मैंने ज्योति से कहा था। 'अब अभी-अभी राजू ने नया काम शुरू किया है। अगर मेरे पीछे-पीछे वह भी पूना आ गए तो यहाँ सब गड़बड़ हो जाएगी। मुझे मालूम है, मेरे जाने के थोड़े दिन बाद ही वह दुकान की परवाह किए बिना वहाँ पहुँच जाएँगे।'

मेरी इस बात पर ज्योति के चेहरे पर मुस्कुराहट फैल गई थी। 'इश्क़ में कमी नहीं आई!' उसने दबी आवाज़ में कहा और मैं यूँ ही हँस दी थी। 'लेकिन तुम मम्मी को समझा देना, यहाँ की फ़िक्र करने की ज़रूरत नहीं। सब ठीक है, और अगर नहीं है तो कुछ दिनों में हो जाएगा।'

ज्योति के जाने से एक रात पहले राजू से बात हुई थी।

'कल जा रही है ज्योति?'

'हाँ,' मैंने जवाब दिया था।

'सुनो, क्या ऐसा नहीं हो सकता कि ज्योति अंशुल को अपने साथ पूना ले जाए?' राजू ने मेरी ओर देखते हुए कहा था। 'मेरा मतलब है, तुम्हारी भी तबीयत अभी पूरी तरह ठीक नहीं हुई है, यहाँ रहेगा तो तुम्हें परेशान करेगा। अब वह ज्योति से इतना हिल भी गया है कि ख़ुशी-ख़ुशी चला जाएगा।'

मैंने दो-तीन बहाने करके इस बात को टालना चाहा था लेकिन जब राजू को

ज़ोर देकर कहते देखा तो मैंने 'ठीक है' कह दिया और अगले दिन अंशुल ज्योति के साथ पूना चला गया था।

अंशुल को भेजने से पहले भी मुझे थोड़ा-बहुत अन्दाज़ा तो था ही कि उसके जाने का असर मुझ पर ही पड़ेगा, लेकिन शायद मेरी अपनी बीमारी और कमज़ोरी और उस पर राजू के ज़ोर देकर कहने ने मुझे सख़्ती के साथ मना करने से रोक दिया। अपनी ग़लती का पूरा एहसास मुझे अंशुल के जाने के बाद ही हो पाया था।

एक दिन में ही मुझे फ़र्क़ मालूम हो गया था। घर की दीवारें जैसे एकदम दूर चली गई थीं और कोने-कोचरे और घर के वैसे कभी न नज़र आनेवाले हिस्से, जो ख़ाली थे, एकदम घर की दूसरी चीज़ों पर हावी हो गए थे। यह एहसास कि महीनों से बिछी मसहरी के नीचे पता नहीं क्या-क्या जमा हो चुका होगा। या छत पर उघड़ती हुई कलई की परतें जो किसी भी समय अगर मैं पलंग पर आँख खोले लेटी हूँ तो आँख में पड़ सकती हैं। या सोफ़े पर बिछे जालीदार कपड़े जो न केवल मैले हो चुके हैं, बल्कि इस क़ाबिल हो गए हैं कि उनकी चिंदियाँ बनकर छोटे-मोटे कामों में लाया जाए। या राजू...राजू की मम्मी...जैसे, अंशुल का न होना मात्र ही इन चीज़ों के अजीब होने और मेरे ऊपर चौबीस घंटे छाए रहने का बहाना हो गया था। अंशुल बीच में आ-आकर उस जंजीर को तोड़ जाता था जो अब कड़ी-कड़ी जुड़कर मुझे जकड़े ले रही थी!

राजू उन दिनों सुबह जल्दी उठते, सुबह का नाश्ता ख़ुद बनाते, चाय मुझे भी बनाकर पिलाते फिर खाने के लिए या तो बाज़ार से कुछ ले आते, या कच्ची सब्ज़ी लाकर दे देते और मैं चपातियाँ और साग या और कोई आसानी से बनने वाली चीज़ बना लेती। दोपहर का खाना खाकर कोई दस बजे राजू दुकान जाते और फिर शाम को छह बजे तक वापस आते। एक-दो बार इतवार को, जिस दिन उनकी दुकान बन्द रहती थी, राजू मुझे मजबूर करके फ़िल्म दिखाने भी ले गए। धीरे-धीरे ख़र्चे के लिए पैसे आने लगे थे। पिछले महीने में ही घर के ख़र्चे में थोड़ी-सी आसानी हुई और राजू जो एक-एक, दो-दो करके फुटकर सिगरेट ख़रीदने लगे थे, फिर से पैकेट लेने लगे थे। शुरू-शुरू में तो अपने उत्साह में राजू शाम को देर से भी लौटते और वापस आकर भी दुकान ही की बातें होती रहतीं।

'दुकान के सामने से कॉलेज की लड़कियाँ निकलती हैं,' उन्होंने बताया था। 'आज तो मैं हैरान रह गया! एक लड़की, जिसकी उम्र मुश्किल से सत्रह-अट्ठारह होगी और, देखने में तो इससे भी छोटी लगती थी, वही बेलबॉटम और वही, जैसी शर्ट्स आजकल चल रही हैं, बड़े-बड़े रंगीन छपके जिनकी पहले ज़माने में जाड़े में ओढ़ने के लिए रज़ाइया-दुलाइयाँ बनती थीं! तो ख़ैर, वह दुकान पर आई, साथ में उसी की उम्र की दो-तीन लड़कियाँ और थीं। मुझे प्रिस्क्रिप्शन दिया जिसे मैं देखकर

ही समझ गया कि उसने ख़ुद लिखा है। पता है, परचे में क्या लिखा था? टेब्स औवराल! फैमिली प्लानिंग की गोलियाँ! और इत्मीनान से, जैसे कुछ एस्प्रो, एनासिन ख़रीद रही हो। ख़ैर, मैंने दे तो दी, लेकिन मनमानी क़ीमत चार्ज की और जब-जब मैं उसके बारे में सोचता हूँ, हिल जाता हूँ! यह हाल हो गया है,' राजू ने खड़े-खड़े हाथ मलते हुए कहा था।

'ये भी तो हो सकता है,' मैंने राजू के रुकते ही कहा था—'किसी बड़े ने उससे मँगाई हों?'

'वाह,' राजू फ़ौरन तेज़ी में बोले थे—'ये चीज़ें भी ऐसी होती हैं कि बच्चों के हाथ मँगाई जाएँ! और नहीं—उसके चेहरे से लग रहा था कि ख़ुद अपने लिए ख़रीद रही है! अरे, यह तो कुछ नहीं, एक दिन तो ऐसी ही एक लड़की अबोर्शन का इंजेक्शन ख़रीदकर ले गई थी। मगर यार, उसकी सूरत? पता नहीं, कौन हिम्मत वाला था जो उस पर मेहरबान हुआ!'

'क्या यह नहीं हो सकता कि वे दोनों विवाहिता रही हों? कोई चेहरे पर तो नहीं लिखा होता कि कौन विवाहित है और कौन कुँआरा?'

एक पल को चुप रहने के बाद राजू ने बहुत ही ठंडी-सी आवाज़ में कहा था—'हाँ, चेहरे पर तो नहीं लिखा होता!'

धीरे-धीरे राजू का मनपसन्द टॉपिक लड़कियाँ होता जा रहा था। यह पहली लड़की, इसके साथ गुज़रती लड़की, उनकी ओर घूरकर देखती लड़की।

'आप इतने बड़े लेडी-किलर कब से हो गए?' एक दिन राजू की बात सुनते-सुनते मैंने पूछा था और राजू एकदम शरमा गए थे।

'अब लेडी-किलर तो क्या,' उन्होंने बात को सँभालते हुए कहा था। 'मगर अब तुम्हारे पति हैं तो कुछ तो होगा ही...'

'तुमने यह क्यों कहा कि हमारी अरेंज्ड मैरिज है?' जैसे राजू एकदम तिलमिला गए थे। 'इसका मतलब तो साफ़-साफ़ यह निकला कि यह शादी तुमने मजबूर होकर की है।'

'मैंने यह तो नहीं कहा।'

'तो फिर इसका क्या मतलब निकला? सुनने वाला क्या मतलब निकालेगा? मैंने क्या, तुम्हें या तुम्हारे घरवालों को मजबूर करके शादी की थी? तुम क्या समझो, वह यह सब बताकर कितनी हँस रही थी!'

'मुझसे तो उसने सिर्फ़ इतना पूछा था कि सुनिए, मिसेज़ राजेन्द्र कुमार, हमने सुना है, आपने घरवालों की मर्ज़ी के ख़िलाफ़ लव-मैरिज की है। मैंने कह दिया कि शादी से पहले तो मैंने आपको ठीक से देखा तक नहीं था। तब उसने बताया कि ख़ुद

आपने ही उसे लव-मैरिज की बात बताई थी।'

'हाँ-हाँ, इसी तरह ज़लील करो! क्या हम समझते नहीं हैं कि जब तुम मेरे साथ होती हो तब भी क्या-क्या सोचती रहती हो! मिल गया है न उल्लू का पट्ठा! जैसे दिल चाहे, चलाओ।' राजू की आँखों में एकदम आँसू आ गए थे। 'और यहाँ हमारा यह हाल हो गया है कि अगर किसी दूसरी औरत के साथ कुछ करना भी चाहें तो होता ही नहीं है!...'

काफ़ी दिनों पहले कभी राजू ने कहा था। उन दिनों राजू नारायण की दुकान पर बैठ रहे थे। बात उनके कोई एक सम्बन्धी को लेकर निकली थी जिन्होंने राजू का मज़ाक़ उड़ाते हुए उनसे कहा था कि तुम्हारी मिसेज़ तो कहती हैं, उन्होंने लव-मैरिज नहीं की। मुझे यह नहीं मालूम था कि राजू ने ख़ुद लव-मैरिज वाली बात उन्हें बताई हुई थी। फिर उसी रात राजू ने मेरे पास लेटे हुए कहा था—'मुझे मालूम है—तुम्हारा दिमाग़ उसी बात में उलझा होगा कि किसी और के साथ करना भी चाहें तो होता ही नहीं है। अब तुम मुझे गालियाँ दो, नाराज़ हो, लेकिन मैं पूरी बात बता देता हूँ। अभी कुछ दिन पहले की बात है। नारायण के साथ मैं एक होटल गया था, वहाँ से उसे कुछ पेमेंट लेना था, या जो कुछ भी रहा हो। ख़ैर, नारायण की वहाँ के प्रोपराइटर से अच्छी-ख़ासी दोस्ती है। वैसे ही वह हमें बार में ले गया और हम लोग बैठकर पीने लगे। मैंने मना भी किया मगर सालों ने मुझे भी मजबूर करके पिलाई। जब थोड़ी हो गई तो, ख़ैर, बातचीत तो पहले ही से चल रही थी, नारायण ने आँख मारकर उस प्रोपराइटर से कहा कि 'क्यों यार, कुछ है?' मैं, बाईगॉड, कुछ नहीं समझा। तब भी नहीं जब उसने नारायण से बहुत याराना अन्दाज़ में कहा कि है क्यों नहीं, और ज़ोरदार है। ख़ैर, उसने किसी वेटर को बुलाकर कुछ कहा, और हम लोग थोड़ी देर में, एक कमरे में चले गए। कुछ और पी रहे थे कि एक औरत...अच्छी-ख़ासी थी, भरा हुआ जिस्म, उम्र भी ज़्यादा नहीं। पता चला, उसी होटल की कैबरे-आर्टिस्ट है। थोड़ी देर बाद पता चला, प्रोपराइटर साहब तो उठकर चले गए, हम तीनों उस कमरे में रह गए। मेरी तो समझ में ही नहीं आया कि ठहरूँ या वापस जाऊँ। मैंने उठते हुए कहा—नारायण, हम तो चलते हैं! साले ने, हाथ पकड़कर बैठा लिया। कहने लगा—आप जाएँगे कैसे? इतनी देर में वह उससे चालू हो चुका था! उससे कहने लगा, यह मेरा क़रीब-तरीन यार है। वह बातें करती रही। फिर कहने लगा, यार राजू, इसे शर्म आ रही है, थोड़ी देर के लिए आँखें बन्द कर लो। अब इतनी देर में एक तो शराब और वह सब, मैं ख़ुद ही कैसा-कैसा होने लगा था। थोड़ी देर में आवाज़ आई, आँखें खोल लो। पता चला, साहबज़ादे वीर-गति को प्राप्त हो चुके हैं! मेरे पीछे पड़ गया, मैंने इनकार किया तो कहने लगा—लो, हम कमरे के बाहर चले जाते हैं। अब मैं तुम्हें क्या बताऊँ, शादी से पहले ऐसे बीसियों चक्कर होते रहते थे, मगर यहाँ पता चला, देखते-ही-देखते हमें अपने मर्द होने पर ही शक़ होने लगा!

नहीं यार, मेहनत करने के सिवा कुछ भी नहीं! और थोड़ी ही देर में आई वाज़ डिस्गस्टेड। (मुझे नफ़रत होने लगी।) वह लौंडिया अलग हँसने लगी। बाद में शायद उसने नारायण को बताया होगा। वह हरामी चले तो कहने लगे कि अब पता चला, तुम्हारी बीवी इतनी लड़ती क्यों रहती है! ख़ैर, इसे तो छोड़ो, मगर मेरी समझ में नहीं आता कि ऐसा हुआ क्यों था...'

और रात राजू देर तक जागते रहे थे।

छब्बीस

हर आनेवाला महीना मेरे लिए नई तकलीफ़ लेकर आता। हर बार वही सब कुछ दोहराना पड़ता—डॉक्टर के चक्कर, तरह-तरह की दवाओं की भरमार और बिस्तर पर पड़े-पड़े पल-पल की गिनती। अंशुल को गए हुए भी चार महीने होने को आ रहे थे और सर्दी अपनी चरम सीमा पर थी।

राजू दवा की दुकान पर बराबर जा रहे थे और, अब उन्होंने, शुरू में जिस लड़के को नौकर रखा था, उसे भी अलग कर दिया था।

'जीजाजी ने उसे दवाएँ चोरी करते पकड़ लिया,' राजू ने बताया था, 'दवाओं में तो यही है, ज़रा आँख बची तो नौकर ठिकाने लगा देते हैं।'

'यह जीजाजी, पता नहीं, मुझे नौकर समझने लगे हैं, या क्या है,' एक दिन राजू भन्नाए हुए शाम देर से घर पहुँचे थे। उन दिनों मेरी तबीयत फिर से ख़राब होना शुरू ही हुई थी।

'सुबह मैंने जता-जताकर कह दिया था कि तुम्हारी तबीयत ठीक नहीं है, मुझे शाम को जल्दी घर जाना है, लेकिन यह वक़्त कर दिया।'

'हर चीज़ में टाँग अड़ाएँगे,' थोड़ी देर बाद उन्होंने फिर कहा था। 'अरे बाबा, दिनभर दुकान पर मैं बैठता हूँ, मुझे मालूम है, कौन-सी दवा कितनी मँगानी है, क्या नहीं मँगाना। हर बात में दख़ल! और पैसों के बारे में तो यह मालूम होता है, जैसे मैं कोई चोर हूँ!

'साले! पैसा लगाते नहीं। यह दवाओं का धन्धा है जिसमें लाख रुपया भी कम है, और इस साले की गिरह से कुछ निकलता ही नहीं! आधे ग्राहक तो ख़ाली हाथ ही वापस जाते हैं, दुकान की बदनामी अलग होती है।'

इस तरह की बातें धीरे-धीरे बढ़ने लगी थीं और राजू को रह-रहकर जीजाजी पर ग़ुस्सा आने लगा था।

'हमें घर के लिए जो दवाएँ चाहिए होती हैं, उनके भी पूरे रेट लगते हैं! और

फिर साले, मुझे देते क्या हो? तीन सौ रुपया! इस पर भी यह अन्दाज़ है।'

इस बार मेरी तबीयत तेज़ टेम्प्रेचर से शुरू होकर टाइफाइड में बदली थी और डॉक्टर ने कहा था कि मेरा लीवर ख़राब हो गया है। बीमारी का फैलाव काफी दिन रहा था और इसमें ज़्यादातर समय मुझे अकेले ही काटना पड़ा था। दवाओं को लेकर अलबत्ता कोई तंगी नहीं हुई थी और राजू ने अपनी दुकान से ला-लाकर दी थीं। इतने दिनों में ही छोटी-मोटी बीमारियों का इलाज तो वह ख़ुद ही करने लगे थे।

'बचपन में एक ही तमन्ना थी कि डॉक्टर बनें,' राजू ने ठंडी साँस लेकर कहा था। 'पता नहीं क्यों, मगर वह सफ़ेद-सफ़ेद ऐप्रन, हाथ में स्टैथो, चेहरे पर संजीदगी—जो किताबों में पढ़ा था या फ़िल्मों में देखा था, बड़ा रौब पड़ता था। सोचते थे, एक बड़ा-सा क्लिनिक खोलेंगे। बहुत से डॉक्टर, नर्सेज़, मरीज़, जिधर से निकल जाओ, लोग कह रहे हैं—यस सर, यस सर, और कॉन्फ्रेंसों में लेक्चर देने के लिए बुलाए जा रहे हैं, दुनिया में घूम रहे हैं, बड़े-बड़े लोगों से मिल रहे हैं। यह नतीजा निकला!' कहकर राजू बेचारगी और बेदिली से हँसे थे।

'यार, तुम्हारी बीमारी तो किसी तरह ख़तम ही होने को नहीं आती,' एक दिन दुकान पर जाने से पहले उन्होंने कहा था। दिन का खाना कुछ राजू ने ख़ुद बनाया था, कुछ होटल से आया था। मेरे लिए दलिया भी ख़ुद राजू ने ही बनाया था। 'देखो, बीमारी का सम्बन्ध सोचने से होता है—कुछ क़ायदे की चीज़ें सोचना शुरू करो। ऐसे कैसे चलेगा?...

'तुम पता नहीं, क्या-क्या सोचती रहती हो,' अगली बार राजू ने कहा था। 'अगर हम भी ऐसे सोचने पर ही उतारू हो जाएँ, तो दो दिन में सलामी का बिगुल बज सकता है। अरे ठीक है, जो भी है, इतने सीरियसली लेने से चीज़ें कम थोड़ी हो जाती हैं।'

और एक ख़ास तरह की लापरवाही राजू के रवैए में आती जा रही थी जो बिलकुल नई थी। यह लापरवाही शारीरिक स्तर की थी और इसकी शुरुआत ज्योति और अंशुल के पूना जाने के फ़ौरन बाद हो गई थी। अस्पताल से वापस होने के बाद मेरी तबीयत ज़रा-ज़रा ठीक हुई थी और मैं घर का ज़्यादा काम ख़ुद अपने हाथों से करने लगी थी—जब उस रात राजू मेरे पास आकर बैठे थे...

'दिनभर जाने किस-किस की मुँह-देखी करनी पड़ती है,' उन्होंने सिर पर हाथ फेरकर जम्हाई लेते हुए कहा था। 'कभी-कभी तो बेहद कोफ़्त होने लगती है। ग्राहक ऐसी बातें करते हैं कि दिल चाहता है, सालों का ख़ून कर दो।' कुछ देर वह चुप बैठे रहे थे—'तुम तो ठीक हो न?'

थोड़ी देर बाद राजू मेरे पास लेट गए थे।

'लगता है, जैसे हम दोनों कुँआरे हैं!' राजू ने मेरा हाथ अपने हाथ में लेकर सहलाते हुए कहा था। 'शुरू-शुरू में तो वह सब अस्पताल और तुम्हारी हालत देखकर ऐसा लगता था कि अब कभी भी हिम्मत ही नहीं होगी—मगर इनसान भी क्या चीज़ है! अब लगता है, कुछ हुआ ही नहीं। तुम्हें देखते ही दिल यों-यों होने लगता है। क्यों?'

सब कुछ शुरू हुआ था और मैंने भी उत्साह से हिस्सा लिया था। लेकिन थोड़ी ही देर में मेरा उत्साह ख़त्म होकर तकलीफ़ और एक प्रकार के भय में बदल गया था। जब तक राजू साथ रहे, बड़ी मुश्किल से मैंने बरदाश्त किया और उनके अलग हटते ही चैन की साँस ली।

राजू जिस ढंग से अलग हुए, मुझे लगा था, तब्दीली का एहसास उनको भी है, लेकिन फिर भी अपनी बातों से उन्होंने यह नहीं लगने दिया था कि उन्हें बुरा लगा था।

'तुम्हारी शरण में ही आराम है,' उन्होंने मेरे बाज़ू में लेटे-लेटे कुलबुलाते हुए कहा था। 'सब मुश्किलें बेमतलब लगने लगती हैं।'

अगली शाम जब राजू मेरे पास आए तो कोशिश करते हुए भी मैं उनका साथ नहीं दे पाई थी।

'क्या बात है यार? इतने अच्छे मौसम में...?' राजू ने कोमलता के साथ पूछा था।

'मेरी तबीयत ठीक नहीं है,' मैंने उनकी पीठ सहलाते हुए कहा था। 'कल की वजह से ही आज दिनभर मैं...चलना-फिरना मुश्किल हो गया।'

फिर हर बार यही होने लगा। हर बार चीज़ें एक ख़ास हद तक महसूस करने के बाद मुझे लगता, मैं अन्दर कहीं बदल गई हूँ। शरीर के किसी हिस्से में कुछ महसूस करने का माद्दा ही ख़त्म हो गया है। न सिर्फ़ यह, थोड़ी ही देर में उलझन, नफ़रत और गुस्सा। मेरा दिल चाहता था, राजू को नोच-खसोट डालूँ, डाँटकर भगा दूँ और फूट-फूटकर रोऊँ।

'दिनभर के थके-हारे शाम के प्लान बनाते घर आओ और यहाँ तुम्हारा कभी मूड ही नहीं होता। आख़िर बात क्या है?' राजू पूछते और कई बार, सिर्फ़ इस ख़याल से कि राजू को बुरा न लगे, मैंने अन्दर से न चाहते हुए भी पूरे समय अपने आपसे घृणा करते हुए भी, उनका साथ दिया था, या देने की कोशिश की थी। और हर बार सिवाय एक जिस्मानी थकान के मैं कुछ भी महसूस नहीं कर पाई थी। एक ज़रूरत, राजू की समझकर, मैंने हिस्सा लिया था लेकिन लगा था, राजू भी समझ रहे हैं कि मैं सब ड्यूटी-मात्र समझकर कर रही हूँ।

मैंने पुराने दिनों को, पुरानी शामों को याद कर-करके, उनमें से आज के लिए उत्साह खोजने की कोशिश की थी, लेकिन वह सब कुछ जिसे पहले अकेले में

सोचकर ही मैं अपने शरीर में झुरझुरी-सी महसूस करती थी, अब बर्फ़ की मनों भारी सिलों के नीचे था, जहाँ से वह नज़र तो आता था, अपनी बिगड़ी शक्ल के बाद भी, लेकिन छूकर महसूस नहीं किया जा सकता था। सब बातें, सच्चाइयाँ, जो मैंने एक-एक रात, एक-एक शाम जानी थीं, एकदम बेमतलब होकर रह गई थीं—ऐसी, जिन्हें समझा जा सकता था, लेकिन जिया नहीं जाता था।

अब हर बार जब भी मेरी तबीयत ख़राब होती, इस ओर से एक तरह का इत्मीनान महसूस करके मुझे बड़ा आराम मिलता। बीमारी का यह मौक़ा जैसे मेरे राजू से दूर रहने का बहाना बन जाता था।

'इसका मतलब तो यह हुआ,' राजू का दिमाग़ एकदम दूसरी दिशा में दौड़ने लगता—'मुझमें ही कहीं कुछ गड़बड़ है! मुझे भी अब लगने लगा है, जैसे बुढ़ापा आ गया। अरे यार, सब कुछ आदमी पर ही तो डिपेंड करता है।'

और राजू एकदम अपनी सेहत को लेकर बहुत चिन्तित होने लगते।

'लगता है, मैं भी खंडित होता जा रहा हूँ,' वह ठंडी साँस लेकर कहते। और कभी-कभी मुझ पर बिगड़ पड़ते—'ऐसे कैसे चलेगा?'

अब राजू ने अपना इलाज भी ख़ुद ही करना शुरू कर दिया था। 'ऐलोपैथी में भी कुछ दवाएँ तो हैं, लेकिन ये हकीम और वैद्य—इन लोगों का जवाब नहीं। एक ज़माने में—ख़ैर, तब तो इसकी ज़रूरत थी नहीं, एक हकीम ने मुझे एक ख़मीरा बनाकर दिया था। मैं तुम्हें क्या बताऊँ, ऐसा लगता था, जैसे कुछ भी करो, कोई फ़र्क़ ही नहीं पड़ता। कभी-कभी तो मैं ख़ुद भी हैरान रह जाता था कि यह मैं ही हूँ! बहरहाल, अब तो न वह हकीम रहे और पता नहीं, अब वे दवाएँ भी कितनी असली बन रही हैं, लेकिन अपनी दुकान पर भी कुछ दवाएँ हैं। मैं कुछ खा रहा हूँ, अब देखो।'

'तुम भी डॉक्टर से ये बात क्यों नहीं करतीं?' मुझे भी उन्होंने सलाह दी थी।

एक-दो बार उन्होंने तरह-तरह की गोलियाँ खाने के लिए लाकर दी थीं, जो वैसे ही पड़ी रही थीं।

सत्ताईस

'ये दुकान का ऊँट तो किसी करवट बैठता नहीं लगता!' एक दिन राजू साढ़े पाँच बजे ही घर पहुँच गए थे। 'रोज़ यही है—देर से आएँगे! यह काम लग गया था, वह काम लग गया था। काम क्या हमें नहीं है? आज तो मैं भी शटर-डाउन करके आ गया। अब आएँगे तो ख़ुद खोलेंगे बेटा।...'

'कहीं से कुछ थोड़ा-बहुत पैसा हो जाए तो ख़ुद ही कोई काम किया जाए,' राजू ने एक दिन बहुत देर तक बैठे-बैठे सोचने के बाद कहा था। 'इस तरह तो काम चलता नज़र नहीं आता।'

'शहर में कैसे काम होगा? कर्ज़दार?'

'यहाँ नहीं,' राजू ने बिना मेरी ओर देखे कहा था। 'यहाँ कैसे कर सकते हैं? वह तो कहीं बाहर रहकर ही किया जा सकता है। ऐसी कितनी ही सारी चीज़ें हैं जो छोटे शहरों से ले जाकर अगर बड़ी जगह बेची जाएँ तो पैसा कमाया जा सकता है। बस, कहीं से...!'

मैं राजू की बात समझ रही थी।

पिछले महीनों में मम्मी की चिट्ठियाँ बराबर आती रही थीं और हर चिट्ठी में उन्होंने ज़ोर देकर लिखा था कि तुम लोग यहाँ आ जाओ। वहाँ अगर कठिनाइयाँ हैं, तो यहाँ रहकर राजू कोई काम कर सकते हैं। जबकि मम्मी ने ऐसा साफ़-साफ़ लिखा नहीं था, लेकिन चिट्ठियों ही से अन्दाज़ा लगाया जा सकता था कि वह रुपए-पैसे से भी सहायता करने को तैयार हैं।

'पप्पू की वही हालत है,' एक चिट्ठी में मम्मी ने लिखा था। 'उस लड़की की शादी तो हो गई है, लेकिन उसका पति अभी अकेला अमेरिका गया है, वह यहीं है। हैदराबाद के किसी कॉलेज में एडमिशन ले रखा है। पप्पू को चिट्ठियाँ भी लिखती रहती है। राम जाने, क्या होना लिखा है।

अंशुल के बारे में भी पता चलता रहता था कि वह ठीक है! 'तुमने अंशुल के नाम जो पत्र लिखा था, वह ज्योति ने उसे सुना दिया था। अब अंशुल वह पत्र अपने पास रखता है और किसी को हाथ नहीं लगाने देता। तुम लोग अगर जल्दी आ जाओ

तो अच्छा है। अंशुल के लिए भी अच्छा रहेगा। इतनी-सी उम्र में ही वह अपने से बड़ा लगने लगा है। न रोता, न ज़िदें करता, और हमेशा पापा-मम्मी को याद करता रहता है। यह ठीक नहीं है।

'अगर,' मम्मी ने लिखा था। 'राजू तुम्हारी बात समझकर टाल रहे हों तो हम ख़ुद उन्हें चिट्ठी लिखें?'

चाहे-अनचाहे ही राजू का दिमाग़ अब पूना की ओर रह-रहकर दौड़ने लगा था।

'दवाओं की दुकान में तो तुम देख रही हो, अब बोलो, तुम्हारी क्या राय है?' उन्होंने पूछा था।

'मेरी राय क्या होगी? आपने शुरू किया था, आप ही जानिए। फिर अभी साल भी तो नहीं हुआ, नौ-दस महीनों में आपको यह अन्दाज़ा कैसे हो गया कि इस धन्धे में कुछ नहीं है?'

'ये कौन कहता है कि इस धन्धे में कुछ नहीं है?' राजू ने दू-ब-दू जवाब दिया था। 'सब कुछ है, बहुत अच्छा धन्धा है, मगर उसके लिए, जिसका धन्धा है। अव्वल तो दुकान ठीक चलती ही है, कल को और भी ज़्यादा चलने लगी तो भी मेरा इसमें क्या फ़ायदा है? जीजा को इतने दिनों में देख लिया, तीन के साढ़े तीन सौ कर देगा तो उससे क्या बात बनेगी?'

'अब अगर आप एकदम अलग होंगे तो गड़बड़ नहीं होगी? आपकी ही ज़िम्मेदारी पर तो उन्होंने दुकान ख़रीदी थी?'

'तो क्या बाक़ी ज़िन्दगी के लिए मैं उनका ग़ुलाम हो गया? मुझे अपना भला नज़र आएगा तो करूँगा, नहीं तो छोड़ दूँगा।'

'आप जानो,' मैं एकदम झल्ला गई थी।

उस समय तो राजू चुप हो गए थे, मगर मौक़ा मिलते ही उन्होंने फिर से बात निकाली थी।

'तुम तो समझती नहीं हो, वहाँ दुकान पर मुझे किस-किस तरह ज़लील होना पड़ता है—साला दो कौड़ी का आदमी, धौंस जमाकर चला जाता है। ऊपर से वह आते हैं, जीजा! तो उनके दिमाग़ नहीं मिलते। अपनी चीज़ अपनी होती है। अगर आज ज़लील होकर मुझे लगे कि कल कुछ फ़ायदा होगा तो चलो, मैं हुआ जाता हूँ, मगर इस सबका रिज़ल्ट क्या है? इससे अच्छा कोई रास्ता अगर निकल सकता हो तो हम क्यों न...'

'मेरी समझ में नहीं आता, दूसरा रास्ता है कौन-सा?' मैं फिर झल्ला गई और बात फिर टल गई।

लेकिन राजू रह-रहकर इस प्रसंग को निकालते रहे थे।

'ये भी कोई ज़िन्दगी है!' वह दुहराते। 'इससे तो कोई जंगली जानवर कहीं से आकर हमको खा जाए तो शान्ति मिले! सोचो, बच्चा वहाँ, हम यहाँ। अकेले

में अगर तुम्हारी तबीयत ख़राब हो जाए तो कोई दो घूँट पानी पिलानेवाला भी नहीं।'

इसी तरह की बातें मेरी बीमारी के बीच भी राजू बराबर दुहराते रहते। उधर जीजाजी से उनके सम्बन्ध दिन-ब-दिन ख़राब ही होते जा रहे थे।

एक दिन राजू को जल्दी घर आना पड़ा, मेरी तबीयत की वजह से। उसको लेकर झगड़ा हुआ था।

एक बार मेरी कोई दवा जो दुकान में नहीं थी, बाज़ार से ख़रीदने के लिए राजू ने कैश-बॉक्स से कुछ पैसे निकाले थे, उसी को लेकर झगड़ा हुआ था।

'साला, ये नहीं देखता कि दुकान में कौन-कौन है! बाहर ग्राहक खड़े हैं, कुछ भी कह देगा। कहने लगा, धन्धा कर लो या जोरू की गुलामी। बताओ? और बातें सुनकर आसपास के दुकानदार भी मुझ पर हँसते हैं। ज़रा भी देर हो जाए तो आ-आकर पूछेंगे, क्यों साब, आज घर नहीं गए? इतनी देर से पहुँचे तो घर डाँट तो नहीं पड़ेगी?'

मुझे मालूम था। यही कि जीजाजी से न निभ पाने का श्रेय ले-देकर मुझे ही जाएगा। मुझे यह भी अन्दाज़ा था कि वहाँ दुकान पर बैठकर भी राजू लोगों से मेरे बारे में क्या बातें करते होंगे। अस्पताल जाने के लिए दो-तीन बार मैंने रिक्शा में दुकान से राजू को साथ लिया था और आसपास के लोगों ने जिस तरह मुस्कुराते हुए राजू को रिक्शा में बैठते देखा और नीची आवाज़ में जिस तरह एक-दूसरे से कुछ कहा था, वह काफ़ी था। उस पर राजू पर सवार हो आई, थोड़ी-सी घबराहट।

'मैंने तो अब तय कर लिया,' राजू ने दृढ़ता के साथ कहा था—'कुछ दिन और देख लेता हूँ। उसके बाद चाहे खाने को मिले, चाहे भूखे रहें, दुकान रहे या बिक जाए; अगर यही चलता रहा तो मैं दुकान पर नहीं जाऊँगा।'

मैंने कई बार गम्भीरता से पूना जाने के बारे में सोचा था और हर बार इस ख़याल को रद्द कर दिया था। क्यों? पूरी तरह तो मुझे ख़ुद ही नहीं मालूम, और राजू को मैं बिलकुल नहीं समझा सकती थी। कहीं हमारे भीतर कुछ होता है, जो हमें बिना समझे कुछ चीज़ों को करने की आज्ञा दे देता है, कुछ चीज़ों को करने से रोकता भी है। सूझबूझ के आधार पर हो सकता है, हम इसके विपरीत करने पर मजबूर हो जाएँ, लेकिन कभी-न-कभी वह हमें ग़लत ज़रूर लगता है। इसे किसी दूसरे व्यक्ति को कैसे समझाया जा सकता है?

'आज मैंने कह दिया!' रात को राजू हाथ झाड़ते हुए घर पहुँचे थे। 'मैंने कह दिया कि दुकान पर मैं एक ही शर्त पर बैठ सकता हूँ—आपका दुकान में कोई दख़ल नहीं होगा। जो मुझे अच्छा लगेगा, करूँगा। ज़्यादा-से-ज़्यादा महीने के महीने हिसाब देख लो। मैं कुछ भी करूँ, कैसे भी करूँ, लेकिन आप दुकान पर बैठेंगे भी

नहीं। मैंने कह दिया है, सोचकर वह मुझे कल तक बता दें। अगर ऐसा नहीं, तो परसों से मैं दुकान नहीं जाऊँगा।'

अगले दिन राजू दुकान से किसी गहरी सोच में डूबे हुए वापस आए। उन दिनों मेरी तबीयत थोड़ी ठीक ही हुई थी, और अब वैसे भी मेरी बीमारी एक रूटीन-सा बन गई थी। जब मेरी तबीयत बिगड़ती, खाना इधर-उधर से कुछ करके, किया जाता, या राजू को अपने हाथों से काम करना पड़ता। जब मैं ठीक होती तो फिर घर का काम-काज मेरे ज़िम्मे। काम-काज के नाम पर भी वैसे कुछ करने को नहीं होता था। महीनों से न कोई हमारे यहाँ आया था, न हम किसी के यहाँ गए थे।

राजू दुकान से आकर ही चुपचाप बाहर के कमरे में बैठ गए थे।

'सुनो,' कुछ देर बाद उन्होंने मुझे सम्बोधित करते हुए कहा था—'आज एक आदमी दुकान पर मिला, उसे किराए पर मकान चाहिए। अच्छा-ख़ासा, पढ़ा-लिखा, शरीफ़ आदमी है, गवर्नमेंट सर्विस में।' राजू चुप हो गए थे।

'तो?' थोड़ी देर तक इन्तज़ार करने के बाद मैंने पूछा था।

'क्यों, ये अगर बाहर का हिस्सा हम लोग किराए पर दें तो कैसा रहे?' राजू ने सोच-सोचकर पूरी बात धीरे-धीरे कही थी। 'वैसे भी अपनी ज़रूरत से तो मकान काफ़ी ज़्यादा ही है, कुछ किराया ही आएगा।'

मैंने बिलकुल चुपचाप सारी बात सुनी थी।

'इधर, अन्दर से,' राजू ने समझाते हुए कहा था—'अगर इस दरवाज़े को बन्द कर दिया जाए तो ये कमरा, अपना, नाम का ड्राइंगरूम, बिलकुल अलग हो जाएगा। लेटरीन, बाथरूम, वह बाहर की तरफ़ है, जिसे मम्मी, जीजी के किरायेदार इस्तेमाल करते हैं, वही किया जा सकता है। क्यों, क्या कहती हो?'

'ठीक है,' मैंने धीरे से जवाब दिया।

'कल वह आएगा तो उसे कमरा दिखा देंगे। डेढ़ सौ रुपया किराया। ठीक है न? अब कल को अगर दुकान पर जाना बन्द हो गया तो खाने-पीने का सिलसिला तो किसी तरह चले। आज उनसे,' राजू ने जीजाजी के मकान की तरफ़ हाथ से इशारा करते हुए कहा था, 'आज उनसे बातचीत हुई। उनका कहना है कि छब्बीस हज़ार रुपया तुम मुझे दे दो और दुकान ख़ुद चलाओ। कमीनापन देखा तुमने?'

अट्ठाईस

अगले दिन इतवार था। मकान देखनेवाला तो ख़ैर आया नहीं था, सुबह दस बजे जीजाजी ने बच्चे को भेजकर राजू को बुलवाया। राजू थोड़ी देर पहले बाज़ार से लौटे थे, जहाँ से वह एक फ़िल्मी रिसाला ख़रीद लाए थे और इस समय बैठे उसे देख रहे थे।

जीजाजी के यहाँ जाने के कोई डेढ़ घंटे बाद मेरे कानों तक आवाज़ें आई थीं। वैसे अगर मैं यह कहूँ कि इस बीच पूरे समय में उधर ही कान लगाए बैठी रही थी तो ग़लत नहीं होगा। चिल्लाने की आवाज़ राजू की थी। मैं लपककर घर के दरवाज़े पर पहुँच गई।

'साला मारता है!' राजू की काँपती-सी आवाज़ सुनाई दी थी। 'तुम हमारी माँ हो! वह मार रहा है और तुम देख रही हो?'

'निकल जा फ़ौरन...!' जीजाजी की आवाज़। 'हाथ-पैर तोड़ दूँगा...' और किसी ने राजू को धक्का दिया था।

जाने क्यों मैं सिमटकर एकदम अन्दर लौट गई थी।

दरवाज़ा ज़ोर की आवाज़ से खुला था और चप्पलों में राजू के तेज़-तेज़ उठते हुए क़दमों की आवाज़ सुनाई दी थी।

राजू का मुँह एकदम फ़क़ हो रहा था। अन्दर घुसते ही उनके मुँह से गालियों का सैलाब उमड़ पड़ा था।

'यही चाहती थीं न तुम!' उन्होंने ग़ुस्से में घिर आए आँसुओं के पीछे से मुझे ताकते हुए कहा था और फिर से गालियाँ उनके मुँह से शुरू हो गई थीं।

'इतनी गालियाँ क्यों बक रहे हो?' एकदम ग़ुस्से का एक बगूला मेरे भीतर उठकर हलक में आ अटका था।

मेरी आवाज़ में ज़रूर कुछ रहा होगा कि एक पल में ही राजू सकपकाकर चुप हो गए थे। फिर वहीं कुर्सी पर बैठकर उन्होंने उसकी पुश्त से ठोड़ी टिकाई और उनका सारा शरीर कँपकँपाने लगा था। वह रो रहे थे।

धीरे-धीरे क़दम उठाती मैं कुर्सी तक गई थी और अपना हाथ उनके सिर पर

रखा था—जैसे एकदम बिजली का झटका लगा हो! राजू तड़पकर कुर्सी से उठे और अन्दर चले गए।

थोड़ी देर मैं उसी जगह खड़ी रही और लगा था, जैसे मेरा दिमाग़ बिलकुल ख़ाली हो। फिर बिना कुछ सोचे-समझे, राजू के पीछे-पीछे मैं कमरे में गई थी। सिसकियाँ तो मुझे बाहर ही सुनाई दे रही थीं, अन्दर बाक़ायदा आँसुओं से रोते राजू नज़र आए थे।

'उस साले ने मुझे मारा!' जब थोड़ा ख़ुद पर काबू पा लिया तो राजू ने बताया था। 'मैंने मम्मी को आवाज़ें दीं और उसने सुनकर अनसुना कर दिया! और कल यही मम्मी—इसी ने कहा था कि तुम दुकान में पार्टनरशिप कर लो। जीजी, बच्चे—सब सुनते रहे। कहने लगा—चौकी में बन्द करा दूँगा! मैंने कहा, ऐसे तो पैदा नहीं हुए, उस पर उसने मुझे बाक़ायदा थप्पड़ मारा। अब हम यहाँ एक पल नहीं रह सकते—अभी इसी वक़्त यहाँ से कहीं चलो। एक दिन अगर यहाँ रुक गए, तो या तो मैं उसका ख़ून कर दूँगा या आत्महत्या। चलो, पूना ही चलते हैं। जो होगा, देखा जाएगा।'

थोड़ा समय और बीतने के बाद मैंने कहा था—'इस तरह जाने में तो लगेगा, तुम डरकर भाग रहे हो। कुछ दिन रुकते हैं, शायद कुछ बात बने। नहीं तो फिर चले चलेंगे।'

'अब भी बात बनने को कुछ रह गई है! मैं अब एक सेकंड भी इस चारदीवारी और इन लोगों की शक्लें नहीं देख सकता। तुम आख़िर चाहती क्या हो? क्या तुम यह समझ रही हो कि पूना जाकर हम तुम्हारे माँ-बाप के सिर रहेंगे? कहीं भी साला कुछ किराये पर ले लेंगे, कुछ करेंगे-धरेंगे, नौकरी करेंगे। कम-से-कम इन कमीनों से तो छुटकारा मिलेगा। ठीक है, तुम्हारे माँ-बाप के साथ नहीं रहेंगे। अब तो चलो यहाँ से। मेहनत करनेवालों को कामों की कुछ कमी है?'

जीजाजी से झगड़े की पूरी तफ़सील न मैंने पूछी थी और न राजू ने बताई थी।

उनत्तीस

पूना में अंशुल बहुत शरमाता-शरमाता-सा मेरे पास आया था। वह एकदम बड़ा हो गया था।

मैंने हमेशा यह सोचा था कि माँ और बच्चे के बीच जो सम्बन्ध होते हैं, उनमें औलाद का पोर-पोर माँ की आँखों के सामने बढ़ता है। माँ ही उसकी सारी बदलती शक्लों की गवाह और राज़दार होती है। बच्चे का मानसिक विकास और...और उसके भीतर कहीं गढ़ती हुई छोटी-छोटी गाँठें जो आगे चलकर उसकी ज़िन्दगी बनते हैं, सब उन दिनों की देन होते हैं जब बच्चा केवल आँख खोलकर देखभर सकता है, आवाज़ें उसके कानों से टकराती हैं और धीरे-धीरे शब्दों का मतलब दिमाग़ पर अंकित होना शुरू होता है। प्रेम, घृणा, सम्बन्ध और उसके अलावा वह तमाम दुनिया—शायद माँ एक ऐसा कार्बन-काग़ज़ होती है जिससे चीज़ों की रूपरेखा बच्चों के दिमाग़ में ज्यों-की-त्यों नक़्श हो जाती है। इन्हीं दिनों में बच्चे की तमाम भीतरी और बाहरी सीमाओं की हदबन्दी हो जाती है।

अंशुल से मिलकर मुझे सबसे ज़्यादा यह महसूस हुआ, जैसे हम दोनों के बीच का बहुत कुछ कहीं खो गया है। एक ऐसी दूरी पैदा हो गई है जिसे मैं चाहे जो करूँ, ज़िंदगीभर इसको ख़त्म करने के प्रयास करती रहूँ, लेकिन यह हमेशा ऐसे ही बनी रहेगी। इसकी ज़िम्मेदार मैं और सिर्फ़ मैं हूँ। समय-समय पर यह भ्रम भले ही हो कि यह दूरी पटती जा रही है लेकिन इस दूरी ने जो कुछ अंशुल को दिया है, मैं नहीं जानती और हम लोग रह-रहकर एक-दूसरे के लिए अजनबी हो जाएँगे।

और सब कुछ पूना में वही था। उसी पहले वाले कमरे में हम ठहराए गए थे। मम्मी थीं, ज्योति, पप्पू, दूसरे बच्चे। बाबा से वही थोड़ी देर का मिलना हुआ था। उन्होंने मेरे सिर पर हाथ फेरा था। राजू से उनकी धर्म के ऊपर बात हुई थी—सारे असन्तोष का इलाज केवल धर्म है। राजू बैठे 'जी हाँ', 'जी हाँ' करते रहे थे।

'कुछ बदला-बदला-सा लगता है,' अकेले होते ही राजू ने मुझसे कहा था। 'ख़ैर, तुमसे शिकायत करना तो बेकार ही है। अपनों में आकर तो तुम मुझे जैसे भूल ही जाती हो।'

मम्मी को मैंने बताया था कि पूना हम लोग रहने के इरादे से आए हैं—लेकिन राजू का ख़याल है, अलग रहें। वहाँ कुछ कठिनाइयाँ हैं, इसलिए राजू यहीं रहकर कुछ करना चाहते हैं। मेरे ख़याल से फ़िलहाल कोई नौकरी...।

'हम ख़ुद राजू से बात करेंगे,' मम्मी ने मुझे इतना ही कहा था। 'यह सब एकदम हो कैसे गया?'

मम्मी का सवाल बहुत देर तक मेरे आसपास गर्दिश करता रहा था। मैं व्याकरण के बारे में सोचने लगी थी। शब्द क्या है, वाक्य क्या होते हैं? किस तरह आवाज़ें शब्द बन जाती हैं, शब्द मिलकर वाक्य और उस सब गड़बड़ में कितना मतलब, कितना अर्थ पैदा हो जाता है। हम जो महसूस करते हैं, कह सकते हैं, जो पूछना चाहें, पूछ सकते हैं। समझा सकते हैं? क्या सचमुच?

मैं कम-से-कम शब्दों में मम्मी को बतला रही थी कि किस तरह कुछ अनजानी-अनदेखी चीज़ों के कारण सब गड़बड़ हो गया था। समझ में आने से पहले ही देर हो चुकी थी और ठेकेदारी कितनी रिस्की चीज़ है। एक मिनट में आदमी इस पार या उस पार।

राजू से मम्मी ने अकेले में बातें की थीं। पूना पहुँचने के दूसरे दिन, रात को।

'कुछ कहने से तो ये लगेगा कि मैं अपनी ग़लतियाँ दूसरों के सिर थोपना चाह रहा हूँ,' मैंने बाहर खड़े-खड़े अन्दर चल रही बात सुनी थी। 'ग़लती हमारी ही नहीं। बस, यह था कि शायद उस समय चीज़ों को पूरा समझ नहीं पाए, ग़लत लोगों पर भरोसा कर लिया और काम भी कुछ ज़्यादा दिन ही चल गया। पता चला, हमारा पत्ता ही साफ़ हो गया। काम था भी ज़्यादा बड़ा। यह सब तो वक़्त की बात है। अब मैं जानता हूँ, क्या करना है, कैसे करना है। सिर्फ़ मौक़े की तलाश है। बस, मौक़ा मिले, फिर आपकी समझ में आएगा कि ठेकेदारी में जो आदमी इस तरह लुटा है, वह कैसे बनेगा।

'मुझे अपनी पत्नी, अपने बच्चे के लिए कुछ करना है...,' ठंडी साँस की आवाज़। 'कब होगा, पता नहीं। लेकिन लगता है, बहुत समय नहीं लगेगा।'

पूरी बातचीत के बीच राजू ने अलग रहनेवाली बात मम्मी से नहीं दुहराई थी।

'अभी कुछ दिन तक मैं देखता हूँ, सोचता हूँ, बम्बई भी जाऊँगा। कोई-न-कोई जुगाड़ तो लगना चाहिए।'

'तुम देखो, कोई काम समझ में आए तो हमें भी बताओ।' अब यह है, मम्मी की आवाज़ भावुक हो आई थी, 'हमारा जो कुछ है, वह भी किसका है? तुम्हारा और इन्हीं सब बच्चों का है। तुम कोई पराए तो हो नहीं, जो भी कुछ किसी भी तरह की ज़रूरत हो, तुम हमसे कह सकते हो।'

'नहीं, नहीं, वह बात नहीं,' जैसे राजू आप-ही-आप झेंप और घबरा गए थे। 'देखिए, मैं पहले कुछ मालूम तो करूँ।'

‘इसमें इतना शरमाने की क्या बात है?’ मम्मी ने फिर समझाते हुए स्वर में कहा था।

‘नहीं, ऐसा तो कुछ नहीं,’ राजू की आवाज़। ‘मैं ले लूँगा आपसे, जब भी ज़रूरत होगी। वैसे अभी मेरे पास कुछ पैसे हैं,’ राजू जैसे यूँ ही कह गए थे।

‘कहाँ हैं?’ मम्मी ने विश्वास न करनेवाले स्वर में पूछा था।

‘यहीं हैं, मैं साथ ही लाया था,’ और राजू ने अपनी जेब से मम्मी को पैसे निकालकर दिखाए थे—‘दो-एक हज़ार रुपए हैं। और ज़रूरत हुई तो आप ही से माँगूँगा, और कहाँ जाऊँगा? कुछ दिन की बात है, आप चिन्ता मत कीजिए।’

मुझे जैसे साँप सूँघ गया। जैसे-तैसे करके मैं अपने कमरे में लौट आई थी। एक पलंग जिसकी चादर पर शिकनें पड़ी हुई थीं, जहाँ अंशुल सो रहा था और चारों तरफ़ अस्त-व्यस्त-सा हमारा सामान, जैसे हम सफ़र में कहीं कुछ देर के लिए रुके हों! मैंने चीज़ें करीने से जमानी शुरू कर दीं। कपड़े हैंगर्स पर, छोटी-मोटी चीज़ें अलमारियों में—जहाँ जो चीज़ मुनासिब लगी।

‘पूना तक किराये का क्या करोगे?’ मैंने घर पर सामान पैक करते हुए पूछा था।

‘ये बात तो है।’ राजू जैसे एकदम सोच में पड़ गए थे; बल्कि थककर वहीं होल्डॉल पर बैठकर पहले कुछ देर सोचते रहे थे, फिर कहा था, ‘ख़ैर, उसकी फ़िक्र छोड़ो, कहीं से करेंगे।’

दो घंटे ग़ायब रहने के बाद राजू ख़ुश-ख़ुश घर लौटे थे और बताया था कि पैसों का इन्तज़ाम हो गया। एक पान-सिगरेटवाला जिसके यहाँ से राजू पहले सिगरेट ख़रीदते थे, उससे सौ रुपए उधार माँगकर लाए हैं। पूना के लिए चलते समय हमारी सारी पूँजी यही सौ रुपए थी फिर वह दो हज़ार...

राजू कमरे में आए और सिगरेट जलाकर लेट गए।

‘पूना आते ही तुम्हारी तबीयत सँभली-सँभली-सी लगती है, क्यों?’

‘कोई ऐसी ख़ास तो नहीं,’ मैंने सामान रखते हुए जवाब दिया। ‘हो सकता है, कुछ दिनों में अन्तर पड़े।’

‘नहीं, बिलकुल नहीं!’ रात को जब राजू ने मेरे क़रीब आने की कोशिश की तो मैंने ख़ुद को अलग करते हुए कहा था। ‘मैं यह नहीं चाहती कि यहाँ भी कल से डॉक्टरों के चक्कर लगाना शुरू कर दूँ।’

तीस

पूना रहने के कुछ दिनों में पप्पू-जमीला को लेकर नई घटनाएँ घटी थीं। यह हुआ था कि जमीला हैदराबाद से भागकर पूना आई थी, फिर वह और पप्पू इकट्ठे पूना से कहीं जाना चाह रहे थे—कुछ दिनों के लिए किसी ऐसी जगह, जहाँ कोई उन तक न पहुँच पाए।

'तुम ऐसा क्यों नहीं करते कि वहाँ जाकर हमारे यहाँ रहो? मैं तुम्हें अपने दोस्तों के पते दिए देता हूँ जो तुम्हारी मदद करेंगे। वैसे भी वहाँ तुम लोगों का कोई कुछ नहीं बिगाड़ सकता। वहाँ अपना मकान भी ख़ाली पड़ा है,' राजू ने सलाह दी, जो पप्पू की भी समझ में आ गई, और वे दोनों पूना से हमारे घर चले गए।

इस घटना से एक वक़्ती उफान-सा पैदा हुआ था, जो धीरे-धीरे समय बीतने के साथ कम होता गया था। जमीला का पहला पति आया, पुलिस आई, लोगों ने एक-दूसरे से बदले लेने की क़समें खाईं और फिर धीरे-धीरे सब शान्त होने लगा था। जमीला का पति दो-चार महीने रहकर वापस अमेरिका चला गया और सिवाय एक दुश्मनी के और सब ख़त्म हो गए थे। बस, जमीला के घरवालों का और हमारा, एक-दूसरे के यहाँ जाना-आना बन्द हो गया था।

'हम लोगों ने शादी कर ली। कोर्ट मैरिज नहीं हो सकती थी क्योंकि जमीला की पहली शादी से डायवोर्स नहीं है। जमीला का नाम निवेदिता है। मुझे यहाँ एक जगह नौकरी मिल गई है। बाक़ी सब ठीक है,' पप्पू की एक चिट्ठी थी।

फिर ज्योति कुछ दिनों के लिए पप्पू के पास गई थी, मम्मी के कहने पर और वापस आकर उसने बताया था कि पप्पू और जमीला, अब निवेदिता, हँसी-ख़ुशी रह रहे हैं।

'उसे देखकर लगता ही नहीं कि वह जमीला है। सूरत-शक्ल में तो वैसे भी क्या अन्तर होता है, मगर सिन्दूर, मंगल-सूत्र, टिक्की—ऐसा लगता है, जैसे यही सब करने का सोचते हुए वह बढ़ी हो,' ज्योति ने अपने ख़ास अप्रभावित रहनेवाले अन्दाज़ में बताया था।

लेकिन मुझे लगा था कि वह भी कुछ प्रभावित थी, 'और पप्पू तो जैसे हैं—न कभी पूजा, न पाठ, वह उसे भी ठीक किए दे रही है।'

'पप्पू को क्या नौकरी मिली है?' मैंने अकेले में ज्योति से पूछा था।

'कुछ चिटफंड स्कीम है किसी की, वहाँ जाता है।'

यह तो मुझे मालूम ही था कि मम्मी भी बराबर पप्पू को पैसे भेजती रहती हैं।

'निवेदिता का भी नौकरी का चल रहा है,' ज्योति ने बताया था।

देखते-ही-देखते निवेदिता घरवालों की नज़रों में जैसे एक हीरोइन बन गई थी।

'पहले तो मैं समझता था, कहीं कुछ घपला है,' राजू ने कहा था और बहुत ही उदार भाव के साथ इसके आगे जोड़ा था—'मगर इस लड़की ने तो मेरी आँखें खोल दीं! वाह-वाह!'

'आपका ख़याल है, यह सब बहुत दिनों तक चल पाएगा?' मैंने कोशिश करते हुए कि मेरी आवाज़ से कोई भाव व्यक्त न हो, राजू से पूछा था।

'क्यों नहीं?' राजू ने इस तरह मेरी ओर देखा, जैसे मैंने कोई पागलपने की बात कह दी हो। 'क्यों नहीं चलेंगे? पहले तो...पप्पू को उससे अच्छी लड़की कौन-सी मिल सकती थी? दूसरे, वह अब लौटकर जाएगी कहाँ? माँ-बाप के यहाँ, या अपने पहले पति के पास अमेरिका? उसने तो वह हिम्मत का काम किया है...'

'जो इतनी हिम्मत कर सकती है कि माँ-बाप, भाई-बहन, धर्म सब कुछ छोड़ दे, क्या कल समय पड़ने पर इतनी हिम्मत नहीं कर सकती कि एक आदमी से अपने सम्बन्ध तोड़ ले?'

'तुम कहना क्या चाहती हो, ऐं?' राजू ने हैरानी से मेरी ओर देखते हुए कहा था। 'तोड़ना चाहती है, तोड़ ले, इसमें नाराज़ होने की क्या बात है?'

'नाराज़ कौन हो रहा है?'

'मुझे यही लगता था कि आज नहीं तो कल, पप्पू और जमीला को अलग होना है। एक भावावेग में बहकर किया गया फ़ैसला तभी तक रह सकता था जब तक कि उसका विरोध हो। एक चैलेंज समझकर कुछ देर तो उसे जिया जा सकता था, लेकिन कल और परसों में, जीवन जब रोज़मर्रा की छोटी इकाइयों में बँटकर नीरस और एकदम मामूली हो जाएगा, उस समय क्या होगा? उस समय क्या ये हिम्मत, ये बाग़ीपन का फ़ैसला निरर्थक और मूर्खतापूर्ण नहीं लगेगा?'

पूरे घरवालों में जमीला के प्रति जो भक्तिभाव-सा जाग्रत हुआ था, मुझे लगता था, केवल कुछ दिनों का है। कुछ ही दिनों में ऐसा कुछ हो ज़ाएगा जिससे इनका, जमीला में जो विश्वास है, वह ख़त्म हो जाएगा और उस स्थिति में फिर? न इधर, न उधर! पप्पू को भी जानती हूँ, वह घरवालों की कितनी परवाह करता है। कल अगर उसे ऐसा लगा कि उसके घरवालों की नज़रों में जमीला दूसरों से कम है तो वह भी घरवालों के साथ होगा। मूर्ख लड़की! मेरा मन जमीला के लिए दयाभाव से भर जाता। मुझे लगता, केवल मैं थी, जिसे जमीला से हमदर्दी थी।

'उसे किसी हमदर्दी की ज़रूरत नहीं,' ज्योति ने कहा था—'वह इतनी कमज़ोर नहीं है, सबको ठीक कर लेगी।'

इकत्तीस

राजू की ज़िन्दगी, पूना में, या तो घर के बाहर या फिर घर पर हमारे अपने कमरे के भीतर ही सीमित होकर रह गई थी। रोज़ सुबह उठने के बाद—'यार, यहीं ला दो चाय,' या—'ठीक है, मैं रास्ते में कहीं पी लूँगा,' कहकर राजू घर से निकल जाते। उनकी वापसी ज़्यादातर शाम को देर से होती और दोपहर का खाना वह बाहर ही कहीं खाते।

अब इस समय वापसी पर वह कहते—'वहाँ कहाँ किचिन में जाओगी। खटर-पटर की आवाज़ सुनकर लोग जाग जाएँगे।'

राजू अगर खाना खाने पर राज़ी भी होते तो कमरे के भीतर ही। घर में कोई भी आए-जाए, राजू कोशिश यही करते कि उनका सामना न हो पाए।

'क्या रखा है इस ऊपरी दिखावे में,' मेरे एतराज़ करने पर उन्होंने कहा था। 'कहेंगे—अच्छा, आप हैं! और सब ठीक है? मैं कहूँगा, जी हाँ, सब मेहरबानी है, और आप कैसे हैं? बताओ, क्या रखा है! मुझे क्या लेना उनके अच्छे होने से और उन्हें मुझसे क्या! पता चला, ज़बरन मुहब्बत जताने के लिए मरे जा रहे हैं।'

और तो और, मम्मी और दूसरे घरवालों से भी राजू का मिलना बहुत कम हो गया था। ज़्यादा-से-ज़्यादा कभी ज्योति कमरे में आ जाती, या कभी-कभी पद्मा। पद्मा को लेकर मुझे हमेशा लगा, जैसे राजू एकदम सचेत हो जाते हैं। उसके आसपास होते ही राजू एकदम बेचैन से हो जाते और खिसियाने अन्दाज़ में कनखियों से मेरी ओर देखने लगते।

'ये पद्मा को देखकर आप इतने घबरा क्यों जाते हैं?' मैंने पूछ ही लिया था।

'कौन? मैं? नहीं तो!' राजू एकदम और भी कांशस हो गए थे और उस समय वह बात टाल गए थे। बाद में किसी समय उन्होंने ख़ुद ही मुझसे कहा था—'यह पद्मा तुमसे कितनी मिलती है!'

'अच्छा!' मेरा अन्दाज़ शायद व्यंग्यात्मक रहा होगा।

'नहीं, बाई गॉड! मैं मज़ाक़ नहीं कर रहा। तुमने उस दिन पूछा भी था, शायद

यही वजह होगी मेरे उसके साथ हिचकिचाने में। नहीं तो और सब भी तो हैं, और किसी के साथ तो मुझे ऐसा नहीं लगता।'

'आप पहले आदमी हैं जिनका यह ख़याल है,' न चाहते हुए भी कड़वाहट मेरे स्वर में आ गई थी।

कोई एक महीने बाद मैंने राजू से पूछा था—'कोई काम समझ में आया?'

'क्यों?'

'कुछ नहीं, ऐसे ही पूछा।'

'जी नहीं, साफ़-साफ़ कहिए।' एक पल को राजू की आँखों में वही पागलपने की चमक दौड़ गई थी। 'साफ़-साफ़ कहो न कि तुम्हारे माँ-बाप का खा रहा हूँ! ऐसे कितने दिन चलेगा? दिल में रखने की बिलकुल ज़रूरत नहीं। और हमें तो वैसे भी नज़र आ रहा है! तुम्हारे घरवालों का बदला हुआ रंग, क्या हम समझते नहीं? इसीलिए हम ख़ुद यही कोशिश करते हैं कि ज़्यादा समय बाहर गुज़रे।'

'आपस की बात में माँ-बाप को घसीटने की क्या ज़रूरत है?' मैंने ग़ुस्से में कहा था।

'तो और किसे घसीटूँ?' राजू की ग़ुस्से में घुटी-घुटी-सी आवाज़ निकली थी। 'कभी आज तक किसी ने पूछा है, कहाँ जाते हो? क्या करते हो? खाना घर पर नहीं खाते तो क्या भूखे मरते हो? पैसे ले लेना! तो क्या अब झोली डालकर उनसे भीख माँगूँ? ऊपर से यह तकाज़ा कि काम देखा, समझ में आया? कह ही रहे हैं—कुछ-न-कुछ तो होगा। मजबूरी के साथ कुछ उम्मीद तो होगी जो अपना शहर छोड़कर इकड़े-टिकड़े लोगों के बीच पड़े हुए हैं। जब कुछ हो जाएगा, बता देंगे।'

इतना कह चुकने के बाद राजू तेज़ी से कमरे के बाहर निकल गए थे। रात के साढ़े दस बजे थे।

शहर बदला था, कमरा बदला था, रात के बीते पहरों में मैं राजू का इन्तज़ार कर रही थी और मुझे मालूम था, राजू कहाँ होंगे। पिछले दिनों दो-तीन बार वह बम्बई गए थे, कोई काम देखने। चन्द्रशेखर करके एक आदमी के साथ जिसका घर हमारे पास ही था और जिसकी दोस्ती पहले पप्पू से थी। बम्बई का नाम लेकर राजू ने एक शाम लोनविला में बिताई थी, एक खंडाला में, और वही शराब, यार और...। सो इस समय भी राजू चन्द्रशेखर के यहाँ बैठे होंगे।

'ये दोस्ती करने को भी आपको एक चन्द्रशेखर ही मिला?' एक दिन यूँ ही हलके लहजे में मैंने राजू से पूछा था।

'क्या करें, बताओ ? न जान न पहचान किसी से, अब वह बेचारा साथ घूम-फिर लेता है। कुछ काम की भी उम्मीद है उसके ज़रिए। अजीब शहर है साला—जाने कौन-सी भाषा बोलते हैं! लगता है, कानों में कोई सुई चुभो रहा हो। और जिधर देखो, साइकिलें ही साइकिलें! पूरे हिन्दुस्तान की साइकिलें शायद 'पुणे' में ही हैं। और शहर के नाम का भी क्या हुलिया बिगाड़ा है! यहाँ तो चन्द्रशेखर भी गनीमत ही है।'

'मम्मी उसे नापसन्द करती हैं। पप्पू की हरकतें उसी के साथ रहकर बिगड़ी थीं।'

एक मिनट को राजू चुप हो गए थे।

'तो उसे घर कौन ला रहा है! ज़रूरत के वक़्त तो गधे को भी बाप बनाना पड़ता है—मुझे तो उससे काम लेना है।'

'वह ठीक आदमी नहीं है,' मैंने राजू से कहा था। 'पहले स्कूल में मेरे साथ ही था, मैं जानती हूँ उसकी हरकतें।'

राजू ने एक पल को मेरी ओर देखा। वह ख़ास अन्दाज़! मैं खिड़की के बाहर देखने लगी थी। उस शाम के बाद राजू और चन्द्रशेखर के सम्बन्ध जैसे दुगुने घनिष्ठ हो गए थे।

दो-ढाई बजे रात को राजू घर लौटे थे और उस समय उन्होंने शराब पी रखी थी। हम दोनों अलग-अलग सोए थे।

'इतनी रात गए तक आप यहाँ घर से बाहर नहीं रह सकते,' अगली सुबह जब राजू घर से निकलने के लिए जूते कस रहे थे, मैंने एक-एक शब्द पर ज़ोर देकर कहा था। 'न शराब पीकर घर आ सकते हैं। अगर किसी के यहाँ रहना है, तो उसकी मर्ज़ी का ख़याल भी रखना पड़ेगा।'

थोड़ी देर के लिए राजू ने मुझे घूरकर देखा था, और बिना एक शब्द कहे घर से निकल गए थे।

उस शाम वह घर नहीं लौटे थे। मम्मी से मैंने यह बहाना कर दिया था कि अपने किसी काम से वह बम्बई गए हैं।

अगले दिन भी राजू नहीं आए थे।

तीसरी दोपहर को जब मैं मम्मी के साथ ड्राइंग रूम में कुछ बाहर से आए लोगों के साथ बैठी बातें कर रही थी, ज्योति ने धीरे-धीरे मेरे कान में आकर कहा था कि राजू आ गए हैं। मैं वहीं बैठी बातें करती रही थी।

ज्योति ने जिस अन्दाज़ से आकर मुझे बताया था, हो सकता है, मैं उन दिनों हाइपर-सेंसिटिव हो गई होऊँ—लेकिन मुझे लगता था, जैसे सारे घरवाले मेरे और राजू के सम्बन्धों को देख, मुँह छिपा-छिपाकर हँसते हैं।

मैं कमरे में नहीं गई थी, अंशुल को लेकर पड़ोस में किसी के घर चली गई थी। हाँ, ज्योति ने जाकर ज़रूर राजू से खाने के लिए पूछा था और उन्होंने इनकार कर दिया था।

रात के दस बजे तक मैंने ख़ुद को इधर-उधर के कामों में लगाए रखा था। बच्चे पढ़ रहे थे, उनकी मदद करती रही। एक बार किताब उठाने अंशुल ज़रूर कमरे में गया था और वहाँ से आकर उसने कहा था कि डैडी बुला रहे हैं, लेकिन मैं अनसुना कर गई थी।

जब दस बजे मैं कमरे में गई तो राजू ऐसे लेटे हुए थे, जैसे सो रहे हों। मैंने चुपचाप बत्तियाँ बुझाईं और अंशुल को लेकर लेट गई थी।

बत्तीस

अगली सुबह नई तरह शुरू हुई थी। पिछले तीन दिनों की बात न राजू ने निकाली थी, न मैंने की थी।

'सुनो, अगर मम्मी वह पैसा दे दें तो एक काम है,' सुबह मेरे बिस्तर से उठते ही उन्होंने कहा था। 'ठीक लगता है, उसे शुरू किए देते हैं।'

मैंने मम्मी से कहा था कि राजू कोई काम शुरू करना चाहते हैं और उसके लिए उन्हें पैसों की ज़रूरत है। मम्मी ने राजू को बुलाया और देखते-ही-देखते पाँच हज़ार रुपए का चेक साइन करके मम्मी ने राजू के हवाले कर दिया था।

'मैं ज़्यादा-से-ज़्यादा चार-पाँच महीनों में पैसा वापस करने की कोशिश करूँगा,' राजू ने भाव में डूबी आवाज़ में कहा था। 'मैं किस तरह आपका...!'

'पागलपने की बात नहीं करते,' मम्मी ने राजू के सिर पर हाथ फेरते हुए कहा था। 'ये सब है किसलिए? आज था तो तुम्हारे ही काम आया। रहेगा तो तुम लोगों का ही है। मगर सब सोच-समझकर करने का है। पिछली ग़लतियों से अगर कुछ सीखा...'

बहरहाल, राजू का काम शुरू हो गया था।

'अपने शहर में लकड़ी का फर्नीचर्स बहुत सस्ता बनता है। वहाँ मेरे जान-पहचान के कारीगर भी हैं, मैं वहाँ से छोटी-मोटी चीज़ें बनवाकर यहाँ बम्बई में लाकर बेचा करूँगा। लोगों से बातचीत भी हो गई है जो ख़रीदा करेंगे। जो चीज़ वहाँ दो-ढाई रुपए की है, यहाँ पन्द्रह-बीस रुपए में लोग हँस के खरीदेंगे।'

राजू का आना-जाना शुरू हो गया था। चन्द्रशेखर इस धन्धे में उनके साथ था।

'उसी के ज़रिए माल यहाँ बिकेगा,' राजू ने बताया था।

राजू का ज़्यादा समय बम्बई में ही बीतने लगा था। वह पूना आते-जाते रहते और बम्बई में चन्द्रशेखर के अंकल के यहाँ उनका पड़ाव रहता।

'बेचारे बहुत ख़याल रखते हैं,' वह अक्सर दुहराते। 'किसी भी वक़्त पहुँच जाओ, खाना-पीना, हर चीज़ का ख़याल।'

'पप्पू के तो ठाठ हैं,' पहली बार जब राजू घर से वापस आए थे तो उन्होंने बताया था। 'और उस औरत की तो पूजा करनी चाहिए। कितना ख़याल

रखती है उसका! पप्पू कह दें दिन, तो उसके लिए तो कभी रात हुई ही नहीं। वह कह दें रात, तो दिन में भी वह आपको सितारे गिन के बता सकती है। दोनों कमा रहे हैं और बेहद ख़ुश हैं।'

राजू ने काम शुरू करने के दो महीने बाद मुझसे कुछ और पैसों के लिए कहा था—'इकट्ठा माल लाने में ही फ़ायदा है,' उन्होंने बताया था। 'और माल लाने, बिकने और पेमेंट होने में भी तो समय लगता है। अगर दो हज़ार रुपए और हो जाएँ तो सिलसिला बन जाएगा। आता रहेगा और बिकता रहेगा, पेमेंट होता रहेगा।'

मैंने जब मम्मी से दोबारा पैसों की बात कही थी तो उन्होंने बताया था कि न उनके पास पैसा था और न अभी कुछ दिन कहीं से मिलने की आशा थी।

'तुम्हारे बाबा,' उन्होंने कहा था। 'कुछ दिनों में बम्बई जाकर कुछ और ज़मीन बेचना चाह रहे हैं। तब तक कुछ हो सके।'

राजू यह सुनकर बहुत भनभनाए थे—'ज़रूरत आज है, एक महीने बाद मिलेगा तो मेरे किस काम का?'

और इस बीच राजू के दोस्तों का दायरा बढ़ता गया था। न जाने किन-किन लोगों के साथ वह घूमते-फिरते और रात देर से आते। पूछने पर काम के छत्तीस झगड़े वह मुझे समझाते। इससे मिलना पड़ा, वहाँ जाना पड़ा, यह हो गया, आदि। मेरे उनकी किसी बात को झूठ साबित कर देने पर भी वह कहते—'अच्छा, ठीक है! हम झूठ बोल रहे हैं। ठीक है, जैसा समझो।' और अपने किसी काम में लग जाते। 'रोज़-रोज़ का रोना है! तुम यह चाहती हो कि मैं चूड़ियाँ पहनकर घर में बैठ जाऊँ, तो यह नहीं होगा। जो मुझे ठीक लगेगा, करूँगा। तुम क्या जानो, किस-किससे क्यों सम्बन्ध रखे जाते हैं।' या कभी बहुत नाराज़ हो जाते तो वह उठकर चन्द्रशेखर के घर चले जाते और रात को बहुत देर से लौटते।

पूना पहुँचने के बाद के पाँच-छह महीनों में मुश्किल से चार-पाँच बार ही हम लोग साथ-साथ सोए होंगे, और याद रखने के नाम पर उन चार-पाँच शामों में से भी एक भी नहीं। हर बार राजू परेशान हुए थे और क़सम खाई थी कि—'बस! जाने तुम्हें हो क्या गया है?' वह नाराज़ होते—'अब तो तबीयत भी ठीक है, फिर क्या मुश्किल है?'

'नहीं, ऐसा नहीं,' एक दिन राजू ने कहा था। 'पता नहीं, क्या बात है, इस सबके बाद भी कि आजकल तुम्हारे साथ कुछ हो ही नहीं सकता, पता नहीं, मैं तुम्हें क्यों चाहता हूँ? औरतों में बस तुम ही हो—कोई नज़र में ही नहीं आती। पता नहीं, क्या बात है? मेरे तो ख़ुद समझ में नहीं आता। औरत के नाम से

ही तुम्हारी शक्ल आँखों के सामने आ जाती है। तुम विश्वास ही नहीं करोगी, लेकिन चाहे जो कुछ हो, जिऊँ-मरूँ, सुखी रहूँ, तुम्हारे बिना सब अर्थहीन है।'

बिना किसी सन्दर्भ के कही गई बात थी, जब राजू ने पलंग पर बैठे माचिस की तीली से कान कुरेदते हुए कही थी। बाद में चन्द्रशेखर के यहाँ से उनको बुलावा आ गया था और वह चप्पलें घसीटते कमरे के बाहर निकल गए थे।

और हर निरर्थक रात बिताने के बाद राजू तरह-तरह से मुझे उत्तेजित करने की कोशिश करते। कभी पद्मा की बात निकालकर, कभी उससे मेरे सामने बातें करके। और एक बार, ऐसे ही किसी अवसर के बाद जब हम लोग कोई फ़िल्म देखने गए थे तो राजू ने ज्योति और पद्मा को भी मजबूर करके साथ ले लिया था और पूरे समय उसके साथ रहे थे। उस शाम पद्मा ने मलमल का झीना कुर्ता पहना हुआ था, जिसमें से उसके अन्दर का पहना हुआ भी साफ़ नज़र आ रहा था। पूरे समय राजू ने मुझे इस तरह नकारा था, जैसे मैं यूँ ही उनकी कोई परिचित हूँ और असल सम्बन्ध उनका पद्मा से हो।

'पद्मा को राजू बहुत अच्छे लगने लगे हैं,' एक दिन ज्योति ने मुझे बताया था। 'कह रही थी, दीदी की पता नहीं उनसे क्यों नहीं बनती! इतने भले और समझदार आदमी हैं।'

मैं ज्योति के सामने ही नाराज़ होने लगी थी कि कीड़े तो सचमुच मुझमें हैं। राजू को इतने सालों में मैं थोड़े समझ सकती हूँ! उसके लिए मुझे पद्मा की राय की ज़रूरत है। और सम्बन्ध बनाए रखने की कोशिश मैंने ही नहीं की है। सब इस कारण है कि पद्मा को राजू अच्छे लगते हैं।

पद्मा से मनमुटाव पैदा होने से पहले ही मैंने उसे समझाकर कहा था कि दो लोगों के बीच में, जो पति-पत्नी हों, किसी प्रकार की एक-दो बातों से पूरे सम्बन्धों का अन्दाज़ नहीं लगाया जा सकता।

'क्या मैं तुम्हें इतनी मूर्ख लगती हूँ कि राजू को न समझकर उनके साथ कोई ज़्यादती करूँ?'

इसके बाद से पद्मा जान-बूझकर राजू से और जाने क्यों, राजू भी पद्मा से कतराने लगे थे।

अगला सत्र शुरू होने पर, मम्मी के कहने से मैंने कॉलेज में एडमिशन ले लिया था। अंशुल भी पद्मा के साथ, जहाँ वह पढ़ाती थी, उसी स्कूल में जाने लगा था और राजू अपने फर्नीचर के काम में लगे ही हुए थे।

मेरे कॉलेज में एडमिशन का सुनकर राजू ने केवल 'ठीक है' कहा और वह, जहाँ उस समय जा रहे थे, चले गए।

पूना आए हमें आठ महीने बीत चुके थे।

तैंतीस

अन्दर हो रही बातचीत सुनकर ही मुझे यह अन्दाज़ा हो गया था कि बात बढ़ गई है।

'हम तो समझते थे, तुम अपने लिए नहीं तो अपनी पत्नी और बच्चे के लिए ही कुछ करना चाहते हो,' मम्मी की ग़ुस्से भरी आवाज़ थी। 'यही सोचा था कि हो गया होगा नुकसान। अब हमें विश्वास है, तुम कुछ कर ही नहीं सकते।'

'आपके विश्वास से क्या होता है? आप मेरी किसी बात पर यक़ीन करें तब न। आप तो समझती हैं, मैं आपके पैसों का भूखा और आप लोगों का दुश्मन हूँ। मिलते समय तो मुझे मालूम भी नहीं था कि वे लोग हैं क़ौन?'

'हाँ, हो तो तुम बहुत भोले!' मम्मी ने व्यंग्यात्मक अन्दाज़ में जोड़ा था, और राजू फिर से मम्मी को समझाने के अन्दाज़ में बात को उठा रहे थे, और कुछ कह रहे थे।

असल में पिछले तीन महीने में सारी बातें इस तरह जुड़ती-जुड़ती सामने आई थीं, जैसे बच्चों के खेलने के प्लास्टिक के छोटे-छोटे टुकड़े मिलकर एक तसवीर बना देते हैं। कुल मिलाकर जो तसवीर बनी थी, वह सिर्फ़ मेरे ही नहीं, पूना में सारे घरवालों के सामने थी। मम्मी से लिए हुए पैसों का अंजाम, बम्बई में मम्मी के सौतेले लड़के सुरेश से राजू के सम्बन्ध, घर से दिनों ग़ायब रहना, बहुत देर से रातों को लौटना, चन्द्रशेखर से दोस्ती और न जाने कितने ही छोटे-छोटे प्रसंग थे जिन्होंने धीरे-धीरे राजू को घरवालों की आँखों में एक शक्ल दी थी।

पिछले कितने ही दिनों से राजू न फर्नीचर ख़रीदने शहर गए थे, न बेचने बम्बई। ज़्यादातर समय उनका पूना में ही बीतने लगा था, चन्द्रशेखर और उसके कुछ और दूसरे दोस्तों के साथ। धन्धे के बारे में उन्होंने घर में बातचीत करना ही बन्द कर दी थी। शुरू-शुरू में जब वह बम्बई से लौटते थे, उनका पूरा उत्साह ही अलग होता था।

'क्या शहर है!' वह कहते—'क्या लोग हैं! धुतिया-लुटिया लेकर आए, आज करोड़ों पर मूतते हैं। और सब कुछ ही तो है—समझदार के लिए बनने के साधन

और नासमझों के लिए बरबादी के चूहेदान। सिर्फ़ थोड़ा समय लगेगा। और बड़ी अजीब बात है,' वह सोचते हुए जोड़ते—'लोग कहते हैं, बम्बई में हर सुबह जागने पर आदमी को यह लगता है कि वह छोटा होता जा रहा है। मुझे ऐसा बिलकुल नहीं लगता। ऊँची-ऊँची बिल्डिंगों को देखकर मुझे लगता है, मेरे हाथ में रस्सी का एक बड़ा फन्दा है। जितनी ऊँची बिल्डिंग पर भी मैं चाहूँ, उसे फेंक सकता हूँ। अच्छा किया, हमने जो यहाँ चले आए, वहाँ रहकर बरबादी के अलावा और क्या था?'

बहरहाल, अब मम्मी के दो-एक बार बात निकालने पर भी राजू ने यही कहा था कि जी हाँ, ठीक है, चल रहा है। ज़रा यह दिक़्क़त आ गई थी, तो वह हो गया था। पूना में रहते हुए राजू ने ख़र्चे के लिए मुझे तक पैसे नहीं दिये थे और मेरे मम्मी के दिये हुए जेब-ख़र्चे में से भी पिछले दिनों उन्होंने कई बार एक-एक, दो-दो रुपए करके लिये थे। उनके ख़र्चे को देखकर इन दिनों यही अन्दाज़ होता था कि उनके पास पैसे नहीं हैं।

लेकिन मम्मी की नज़रों में राजू का सबसे बड़ा अपराध सुरेश से सम्बन्ध स्थापित करना ही नहीं, बल्कि यह था कि राजू ने उससे मेरी, घरवालों की, मम्मी की, बाबा की बेगिनती बुराइयाँ की थीं। पिछली बार जब मम्मी, बाबा के साथ बम्बई गई थीं तो सुरेश ने राजू की वकालत करते हुए कहा था कि हम ही अकेले थोड़े हैं। ज़रा, बाबा की आँखें मुँदने दो, फिर देखना, हमला करनेवालों में सबसे आगे तुम्हारा अपना दामाद राजू ही होगा। तुमने उसे लड़की दी है या चन्द पैसे फेंककर मोल ख़रीदा है?

'मगर राजू यह सब उससे कह कैसे सकते हैं?' मम्मी जब बम्बई से लौटीं तो बेहद नाराज़ थीं। जाने कितनी बार तो यह सवाल उन्होंने अपने-आप ही दुहराया था और फिर उस दिन राजू को लेकर पूछने बैठी थीं।

राजू चुप बैठे ज़मीन की ओर देखते रहे थे और कोई जवाब नहीं दिया था। मम्मी ग़ुस्से में जाने क्या-क्या कहती रही थीं कि—'तुम्हें क्या समझा, तुम्हारे साथ ये किया, इसका बदला तुमने ये दिया!'

और राजू सब सिर झुकाए सुनते रहे थे।

'अभी अगर यह बात इनके बाबा को मालूम हो जाए, तब पता चले तुम्हें...,' मम्मी ने जैसे बात को ख़तम करते हुए कहा था।

'क्या पता चले?' राजू एकदम भन्ना कर खड़े हो गए थे। 'क्या मेरी खाल खिंचवा देंगे? मैं अगर आपका ख़याल करके कुछ नहीं कह रहा तो इसका ये मतलब है कि आप जो जी चाहे, कह लें? मेरे मुँह में भी ज़बान है, मेरे पास भी बातों के जवाब हैं। वह क्या करेंगे! मैं ख़ुद ही ऐसी ज़िल्लत की जगह नहीं रहूँगा! ज़रा-सी बात का जाने क्या-क्या मतलब उठा लिया गया!' और ग़ुस्से से

पैर पटकते राजू मम्मी के पास से उठकर कमरे में चले गए और दिनभर वहीं बन्द रहे।

बस, उसी दिन से राजू और मम्मी के बीच बातचीत बन्द हो गई थी।

'मैंने कुछ कहा हो तब न?' राजू ने बाद में मुझसे कहा था। 'ज़बान से एक शब्द भी निकला हो। सुनो, मैं वहाँ बम्बई जाता हूँ और चन्द्रशेखर के साथ उसके अंकल के यहाँ ठहरता हूँ। उसने मुझे मिलवाया सुरेश से, और तब तो मुझे मालूम भी नहीं था कि वह तुम्हारा सौतेला भाई है—या जो भी है। तुम लोगों के बारे में, बाईगॉड! जो मैंने कुछ भी कहा हो। वह ख़ुद सब जानता है और चन्द्रशेखर उसे बताता रहता है। मैं मुश्किल से तीन-चार बार तो उससे मिला हूँ, वह भी चलते-चलते। और, तुम ख़ुद सोचो, इतनी देर में मैंने उससे इतनी बातें कर लीं! ये मम्मी नहीं, उनका पाँच हज़ार रुपया बोल रहा है। और मुझे तो पहले ही अन्दाज़ा था। अच्छा हुआ, इसी स्टेज पर बात साफ़ हो गई।'

'आप ये अच्छी तरह जानते हैं कि मम्मी को आपका चन्द्रशेखर से मिलना पसन्द नहीं है।' मैंने राजू की बात सुनने के बाद कहा था।

'मम्मी कौन होती हैं मेरी दोस्तियों का फ़ैसला करनेवाली?' राजू फिर भड़क उठे थे। 'और तुम उनकी-सी नहीं कहोगी तो क्या मेरा साथ दोगी? अस्पताल का जनरल वार्ड इस घर से अच्छा होगा, वहाँ आसपास लोग तो होते हैं। यहाँ पता चला, सारे घरवाले इकट्ठे हैं—हमें आता देखकर बातचीत के टॉपिक बदल दिये जाते हैं। घंटों कमरे में अकेले पड़े रहो, न कोई खाने को पूछेगा, न दवा को। ठीक है, भाई-बहन, माँ-बाप, हम तो हैं ही घुसपैठिए।'

'घरवालों से अलग आप रहते हैं या वो लोग आपसे?' मैं कहे बिना न रह पाई थी। 'कभी बैठक के कमरे में आप गए हैं? कभी किसी से बातचीत की है? किसी से घुलने-मिलने पर ज़रा भी राज़ी नज़र आए हैं आप? आपका संसार तो वही चन्द्रशेखर और दोस्त हैं। फिर अपनी उम्मीद भी उन्हीं से बाँधिए, घरवालों से क्यों गिला करते हैं?'

'मिलें, जब सामनेवाला मिलना चाह रहा हो। तुम्हारे घरवाले मेरी परवाह ही कितनी करते हैं।'

जाने क्यों, उस समय राजू इतना ही कहकर चुप हो गए थे। और तो और अगली सुबह राजू ने मम्मी से स्पष्ट शब्दों में माफ़ी भी माँगी थी और ख़ुश करने की कोशिश भी की थी—मगर बात बनी नहीं थी। मम्मी ने सब कुछ सुनकर अनसुना कर दिया था और राजू की किसी बात का जवाब नहीं दिया था।

दो-चार दिनों में कहीं से राजू ने दो हज़ार रुपए इकट्ठे किए थे और मम्मी के सामने ले जाकर पटक दिए थे—'अभी इतने ही हैं,' उन्होंने चलते-चलते कहा था।

'बाक़ी का माल बम्बई में दुकानों पर पड़ा है, विश्वास न हो तो किसी को भिजवाकर दिखवा लीजिए।'

इसके बाद राजू ने वह सब कुछ हरकतें की थीं जिनसे मुझे ही नहीं, घरवालों को भी तकलीफ़ और परेशानी पहुँचाई जा सके। वह दो-दो, तीन-तीन दिन, रात घर से ग़ायब रहते। कभी चार-चार बजे रात को घर लौटते। हद ये कि मुझसे भी उनकी दो शब्दों में ही बात होने लगी थी।

चौंतीस

फिर उस दिन राजू ने अंशुल को मारा था।

दिन के दो बजे का समय था और मैं बाथरूम में कपड़े धो रही थी। अंशुल को मैं कमरे में लिखता छोड़कर आई थी। राजू रातभर ग़ायब रहने के बाद उसी समय लौटे थे और सीधे कमरे में चले गए थे। मेरा उनसे आमना-सामना भी नहीं हुआ था। एकदम अंशुल के रोने की आवाज़ मेरे कानों तक पहुँची थी और कपड़े मसलते मेरे हाथ रुक गए थे। अंशुल की चीख़ें थमी नहीं थीं, हर पल तेज़ होती गई थीं।

एकदम पूरे घर में सन्नाटा हो गया था, जैसे सारा घर अंशुल की आवाज़ सुनने लगा हो!

मैंने हाथ का कपड़ा छोड़ा था, मगर किसी चीज़ ने मुझे उठने से मना किया था और मैं फिर बैठी रह गई थी। अन्दर से राजू के डाँटने और चिल्लाने की आवाज़ें आ रही थीं और अंशुल की चीख़ें। मैं उठते-उठते बैठी थी और फिर एकदम बिजली की तेज़ी से उठकर लपकती हुई कमरे तक पहुँच गई थी।

अन्दर राजू ने एक हाथ से कसकर अंशुल का कान उमेठ रखा था और दूसरे हाथ से उसके गालों पर, उसके माथे पर, मुँह पर तमाचे लगा रहे थे। 'अब करेगा? बोल...बोल...!'

अंशुल दहाड़ें मार-मारकर रो रहा था।

मैंने लपककर राजू के हाथ पकड़े थे और उसके बाद मुझे नहीं मालूम, कैसे सब हो गया। थोड़ी देर में मुझे लगा, मैं राजू से भिड़ी हुई थी। मेरे हाथ-पैरों में जाने इस समय इतना बल कहाँ से आ गया था! राजू का सीना मेरे नाख़ूनों से ज़ख़्मी हो गया था, उनकी क़मीज़ फट गई थी और होंठों में से ख़ून निकल आया था।

'गेट आउट!' मैंने उन्हें धक्का देकर अपनी पूरी ताक़त से चिल्लाते हुए कहा था, 'यहाँ से निकल जाओ!'

थोड़ी देर बाद कमरे में पूरा घर जमा हो गया था। लोग पता नहीं, क्या-क्या

कह रहे थे। मैं कुछ नहीं सुन पाई थी। रोते अंशुल को उठाकर मैं वहीं मसहरी पर बैठ गई थी।

चार दिन बीत गए थे। राजू घर नहीं लौटे थे। पाँचवें दिन मुझे एक ख़त मिला था—लिफ़ाफ़े पर लिखी हैंड-राइटिंग राजू की थी। अन्दर दो लाइनों में राजू ने लिखा था कि अगले दिन शाम को मैं उनके दिए हुए पते पर मिलूँ।

दो दिन बाद एक और ख़त आया था जिसमें राजू ने बीती ज़िन्दगी के हवाले देकर मुझसे माफ़ी माँगी थी। 'अगर तुम मुझसे नहीं मिलीं,' उन्होंने लिखा था—'तो मेरे सामने एक ही रास्ता है—आत्महत्या। जो कुछ हुआ, एक बार और, मेरी ख़ातिर उसे भुला दो। तुम अगर साथ हो तो मैं अब भी बिलकुल मरा नहीं हूँ, मैं कुछ-न-कुछ कर दिखाऊँगा। इतनी बार कह चुका हूँ, लेकिन विश्वास रखो, अब कुछ-न-कुछ कर दिखाऊँगा।'

पत्र में अंशुल को लेकर राजू ने अपने आपको कैसा पीटा था—'मैंने इतनी नफ़रत कभी किसी से नहीं की, जितनी यह सोचकर ख़ुद से होती है कि मैंने अंशुल को इस तरह मारा। तुम जब आओ तो उसे ज़रूर साथ लाना और अभी उसे मेरी ओर से प्यार करना। उसे बताना, उसका डैडी शर्मिन्दा है।'

दो दिन और बीत गए थे और फिर तीसरे दिन दोपहर को राजू ने मुझे बस-स्टॉप पर रोककर बात करनी चाही थी। उनकी कही अनसुनी करती मैं बस में चढ़ गई थी और राजू बाहर ही खड़े रह गए थे। उसी रात साढ़े बारह बजे कॉल-बेल की आवाज़ बजी थी—वही दो बार, एक नपे-तुले अन्दाज़ में। मैंने उठकर दरवाज़ा खोला था, और राजू चुपचाप चोरों की तरह मेरे पीछे-पीछे कमरे तक आए थे। घर में और सब इस समय तक सो चुके थे और सारा घर ख़ामोशी और अँधेरे में डूबा हुआ था। मैंने कमरे का दरवाज़ा अन्दर से बन्द किया था। राजू नीची नज़रें किए मसहरी पर बैठ गए थे।

'चलो, तुम ही बड़ी निकलीं,' राजू ने कुछ कहने की कोशिश की थी। हम ही आ गए। हमारी ग़लती थी। हम सौ बार तुमसे माफ़ी माँग लेते हैं। माफ़ कर दोगी तो ठीक है, नहीं तो मिटने को भी अब बचा ही क्या है! तुमसे कुछ उम्मीद थी, इसलिए बेग़ैरत बनकर भी घुस आए।'

कमरे में ख़ामोशी रही थी। अंशुल भी इस समय गहरी नींद सो चुका था।

'बोलो ? तुम अगर गालियाँ दे लोगी, चीख़-चिल्ला लोगी तो मैं फिर भी समझ लूँगा कि तुमने माफ़ कर दिया...इस तरह चुप मत रहो।'

दो पल की फिर चुप्पी बँध आई थी।

'देखो,' राजू ने जेब से काग़ज़ात निकालकर मुझे दिखाने की कोशिश करते हुए कहा था। 'यह दस हज़ार रुपए का ड्राफ़्ट है, मेरे किसी पर निकलते थे। कुछ शरीफ़ लोग ऐसे भी होते हैं कि उसने मुझे दे दिये।'

राजू ने रुककर अपना गला साफ़ किया था।

'मैं यह कहने आया था कि तुम्हारी मम्मी का जितना भी पैसा निकलता है, हम लोग इसमें से देकर वापस चलें। जो पैसा अपने पास है, उससे वहाँ काम शुरू कर देंगे, फिर से ठेके का। हमारे तो ख़ून में ही सीमेंट मिली है न! कोई छोटे-से काम से शुरू करेंगे, किसी दूसरे के नाम से, और फिर तुम देखना, कैसे सब कुछ ठीक हो जाएगा। ग़लती तो यही की कि जिस काम का तजुर्बा था, उसे छोड़कर ग़लत-सलत कामों में हाथ डाल दिया, तो उसके भी कारण थे। सुबह का भूला...। और यार, बहुत हो गई...,' कहकर राजू ने एक लम्बी साँस ली थी।

मैंने पहली बार ध्यान से देखा—सचमुच राजू थके हुए लग रहे थे। उनका रंग पिछले कुछ दिनों में ही काला पड़ गया था, दाढ़ी बढ़ आई थी, जिसका रंग अब बिलकुल काला नहीं था, जगह-जगह सफ़ेदी जन्म ले चुकी थी। वह वही पुराना बुश्शर्ट पहने हुए थे जिसका रंग, ज़्यादा धुलने के कारण समझ नहीं आता था।

'बोलो, क्या कहती हो?'

मैं सोचती-सी खड़ी रही थी...शादी की रात...रिज़्वी...नारायण... जीजाजी... अबोर्शन...दवा की दुकान के सामने से गुज़रती लड़कियाँ...जाने कितने बिच्छू एकदम मेरे दिमाग़ में कुलबुलाए थे।

'तुम जाओ राजू,' मैंने सन्तुलित स्वर में कहा था। 'मैं अब यहीं रहूँगी।'

'ऐसा?' थोड़ा चुप रहने के बाद राजू ने एकदम सिर उठाकर मेरी ओर देखा था। 'यह तुम्हारा फ़ैसला?'

'फ़ैसला ही समझो,' कहकर मैं अंशुल के पास जाकर बैठ गई थी।

'ठीक है,' राजू ने मसहरी के नीचे से सूटकेस खींचकर निकाला था और अपने कपड़े अलग करके एयर-बैग में भरने लगे थे। 'अगर सम्बन्ध इसी तरह टूटते हैं तो टूट गए। बुरे समय में ऐसा ही होता है। लेकिन लिख लो, पछताओगी। आज अगर मैं अकेला जा रहा हूँ तो फिर अकेला ही रहूँगा। तुम समझती हो, मैं अब कुछ नहीं कर सकता। थोड़े दिन बाद देखना। लेकिन फिर पछताने से कुछ नहीं होगा। मेरे दरवाज़े तुम्हारे लिए बन्द होंगे। सिर्फ़ तुम दोनों ही हो जिनके ख़याल से मैं अभी तक ज़िन्दा रहा हूँ, जिनके लिए मैंने हर अपमान सहा है। मेरे अकेले के लिए ऐसा क्या चाहिए! और देखना, कुछ दिनों बाद यह सब जो आज मुझे हर तरह ज़लील कर रहे हैं, साले सब हाथ जोड़े खड़े होंगे। उस समय पूछेंगे।'

'ज़रूर पूछना,' मैंने थके स्वर में कहा था—'और घर जाकर, सारे शहर में, यहाँ जो भी हुआ, उसका इश्तिहार भी छपवाकर बँटवा देना। मैं शिकायत नहीं कर रही—शिकायत वहाँ होती है जहाँ कोई समझौता सम्भव हो। मेरा अब तुमसे कोई सम्बन्ध नहीं। तुम चले जाओ यहाँ से, प्लीज़...'

अगली सुबह मैं देर तक सोती रही थी और जब मेरी आँख खुली थी तो अंशुल, पद्मा के साथ स्कूल जा चुका था। मुझे जगा हुआ देखकर ज्योति चाय ले आई थी।

'तुम आज कॉलेज नहीं जाओगी?' उसने मेरे पास बैठते हुए पूछा था। 'अरे, हाँ! एक मिनट...,' कहकर ज्योति गई थी और एक लिफ़ाफ़ा लाकर मेरे हाथों में थमा दिया था। 'यह कोई दरवाज़े में से डाल गया, तुम्हारे नाम है।'

लिफ़ाफ़ा हाथ में लेते ही एक आदत से मैंने उसे फ़ौरन खोलना चाहा था, फिर ऊपर लिखी हैंड-राइटिंग देखकर मेरे हाथ आप-ही-आप रुक गए थे। हैंड-राइटिंग राजू की थी। कुछ पल मैं वैसे ही बैठी रही थी। फिर लिफ़ाफ़ा खोलते-खोलते लगा, अन्दर राजू ने जो भी कुछ लिखा होगा, उसे मैं अच्छी तरह जानती हूँ। यही होगा कि मैं वापस जा रहा हूँ, मुझे विश्वास है, इस बार जल्द ही कुछ हो पाएगा। जो बीत गया, उसे भुला दो, मैं तुम्हारा इन्तज़ार करूँगा, जल्द ही आकर साथ ले जाऊँगा।' और रह-रहकर उसकी हर बात की टेक इसी पर टूटी होगी कि थोड़े दिनों में सब ठीक हो जाएगा—बस, थोड़े ही दिनों में।

ज्योति कमरे से जा चुकी थी। थोड़ी देर वैसे ही हाथ में पकड़े रहने के बाद मैंने चिट्ठी बिना पढ़े ही फाड़कर एक ओर डाल दी और नए दिन के लिए ख़ुद को तैयार करने लगी।